精神分析と文化
臨床的視座の展開
―高橋哲郎先生 傘寿記念―

岡田暁宜・権　成鉉

編著

岩崎学術出版社

目　次

序　文 　　　　　　　　　　　　　　　　　　　　岡田　暁宜　　v

第1部　精神分析と文化葛藤

1．文化葛藤と病　　　　　　　　　　　　　　　　高橋　哲郎　　3

2．カルチュア・ショック概念の治療的応用
　　――治療導入期における入院集団精神療法　　　丸岡　隆之　　27

3．ヒステリーと物語とのつながり　　　　　　　　近池　　操　　45

4．環境転移について　　　　　　　　　　　　　　岡田　暁宜　　61

第2部　精神分析と治療文化

5．精神分析療法の意義　　　　　　　　　　　　　奥寺　　崇　　77

6．精神分析という治療文化
　　――精神医学的治療文化と精神分析的治療文化　権　　成鉉　　93

7．キャンパス・メンタルヘルスの治療文化　　　　藤田長太郎　　117

8．精神分析的につながった個人及び集団心理療法と
　　背景としての治療文化　　　　　　　　　　　　手塚千惠子　　133

9．ある境界例女性の病院治療に関する精神分析的考察
　　――治療文化をめぐって　　　　　　　　　　　岡田　暁宜　　155

あとがきにかえて――岡田暁宜先生との対話　　　　権　　成鉉　　171

序　文

Ⅰ. 本書の企画とタイトルについて

　日本には結婚記念日や長寿を祝う文化がある。2009年11月13日に高橋哲郎先生が喜寿をお迎えになることに向けた学術企画として本書の企画が完成したのは2008年の夏のことである。本企画を進める過程で私は高橋先生のことをいろいろと考えた。高橋先生は日本で児童精神科医として臨床を始めて，渡米して精神科医，集団精神療法医，精神分析家としての訓練を終えて，多くの臨床を実践してこられた。30年にも及ぶ米国での臨床生活を経て，1996年に日本に帰国した後，精力的に精神分析，精神分析的精神療法，集団精神療法などの指導に当たってこられた。2010年に生活の拠点を米国に移された後も，春と秋には毎年日本に戻られて，精神分析セミナリーの研修プログラムを継続しておられる。高橋先生は日本と米国の二つの文化を行き来しながら，神経症と精神病，精神分析と精神医学，精神分析と精神療法，個人精神療法と集団精神療法，子どもの心と大人の心，一者心理学と二者心理学，医学と文学など，二つの文化の間を行き来しておられるように私は思う。

　本書のタイトルに関連するエピソードを少し紹介する。高橋先生のセミナーはグループワークが中心である。あるティーム討論において，私は『米国に旅行に行った時，国内線の飛行機の中で機内サービスの順番を飛ばされて，自分だけが機内サービスを受けられなかった』という体験を話した。その後の全体討論の中で高橋先生より説明を求められた私はその体験について「日本人だからサービスを忘れられたように思う」と付け加えた。すると高橋先生は〈文化が防衛に使われたよい例である〉とコメントした。確かに私が感じた「日本人だから……」というのは私の空想であり，それが客観的に事実であるという証

拠はない。私はそのように理解することで，異国の国内線の中で，高まった迫害不安を乗り越えようとしたに過ぎない。高橋先生のコメントを聞いて自分が文化を防衛として用いていたことに私は気がついたのである。

パイン（Pine, F. 1990）は精神分析における4つの心理学（欲動論，自我心理学，対象関係論，自己心理学）の統合について論じている。2003年に京都でパインによる講演『21世紀の精神分析——理論と技法において抑制されたものの回帰』とシンポジウムが開催された。その指定討論の中で高橋先生は5番目の心理学として'文化の心理学'を挙げた。それは私にとって文化というものを考える機会になった。

以上のような体験を経て「文化」という一つのキーワードが浮上し，本書の企画が完成した。その後，英国のスィーガル（Segal, H.）の業績を祝う2冊目の記念本 "Psychoanalysis and Culture: A Kleinian Perspective"（Bell, D. ed. 1991）が，偶然にも我々の本のタイトルと同じであることを知った。文化に対する精神分析的関心は，国境を越えた精神分析的文化なのかもしれない。私は文化を一つの切り口として精神分析を捉えることで，精神分析と文化とのつながりを深め，一つの臨床的視座を展開したいと考えている。

II. 本書の内容について

次に本書の執筆者とその論文について紹介する。本書の執筆者は，高橋先生と高橋先生が大阪で主宰する精神分析セミナリーの研修プログラムで何らかの研修を受けた先生方の中で，私がお願いした7人の臨床家たちである。各執筆者の論文は，第1部「精神分析と文化葛藤」と第2部「精神分析と治療文化」という2つのカテゴリーに分けることができる。

第1章の高橋論文は，『精神の科学8　治療と文化』（岩波書店，1983）の中に掲載されている論文であり，今回，新たに高橋先生に改稿していただいた。本論文は，本書の企画を考えるきっかけになった論文であり，本書の基調論文の位置づけにあると言ってもよいだろう。本論文では異文化への移住経験から文化葛藤と病いについて論じている。そもそも人間は馴染みの文化と馴染みのない文化の間を行き来しながら過ごしているように私は思う。

第2章の丸岡論文は，精神科への入院から退院までの一連の過程をカルチュア・ショック概念で理解し，入院集団精神療法を通じてそれらをワークする様子が論じられている。本論文は2005年度の第1回精神科治療学賞「優秀賞」の受賞論文を改稿したものである。入院自体が患者にカルチュア・ショックを与える一方で，そのような患者を抱えるものが入院グループであるということはとても興味深い。

　第3章の近池論文は，老年期のヒステリー女性の心理療法を臨床素材にしながら，舌きりすずめの物語とのつながりを論じている。本論文のもう一つのテーマは老年期の精神療法であり，老年期の女性クライエントの思春期・青年期時代の社会や文化というものが老年期における症状形成と深く結びついているようである。エディプス神話も一つの物語であるが，本論文では'物語ること'にヒステリーの昇華としての側面を見いだしている。

　第4章の拙論文は，さまざまな文化葛藤をもつ青年期女性との分析的精神療法過程で展開した転移について考察した論文である。本症例は私が精神分析と文化について考えるきっかけになった症例であり，本治療を通じて私は分析的セラピストとして貴重な経験をした。本論文は，幸運にも2010年の日本精神分析学会奨励賞（山村賞）の受賞論文になり，私にとって大切な論文となった。

　第5章の奥寺論文は，外傷論という切り口で，精神分析の幸福論について論じている。その中で幸福論を扱うことこそ精神分析的アプローチであると主張している。さらに現代の日本における破綻恐怖について言及している。外傷の意味するところは，文化的破綻と言えるかもしれない。「精神分析は一体何をしているのか」という問いは実際の臨床過程でしばしば重要になるが，奥寺先生は本論文を通じて精神分析という治療文化の根本に向き合おうとしている。

　第6章の権論文は，精神科入院治療における集団精神力動，個人クリニックにおける臨床実践を通じて，精神医学的治療文化と精神分析的治療文化について正面から論じている。権先生の経験には，「自らが精神分析的治療文化を構築する過程」と「その精神分析的治療文化によって自らが支えられる過程」の二つの過程があるようであるが，それは多くの精神分析的臨床家においても共有できることかもしれない。そして精神分析的治療文化とは，人の心の理解と成長を促す文化であると本論文では結論づけている。

第7章の藤田論文は，キャンパスの中で行われた学生に対する精神療法過程を紹介し，学生相談あるいはキャンパスメンタルヘルスという治療文化について考察している。幼稚園・保育園から始まる学校生活は，家と社会を橋渡しする過渡的空間であり，大学での生活は，学校生活の最後の時間と場所になるだろう。キャンパスには一つの文化があり，キャンパスにおける精神療法も独自の治療文化があると思われる。

　第8章の手塚論文は，同じ治療者が精神分析的な個人心理療法と集団心理療法を行うコンバインドセラピーを実践した2つの症例を提示している。そこで患者は2つの治療における1人の治療者を移行対象として使用していると手塚は述べている。その背後には移行対象をあまり必要としない日本文化があり，精神分析的コンバインドセラピーは，日本文化に不足しがちな分離・自立を育む移行対象機能を提供すると手塚は結論づけている。まさに個人と集団という2つの治療文化を橋渡しする論文であると思われる。

　第9章の拙論文では，ある一人の青年期の境界例女性の病院治療を提示し，治療文化に注目し，精神分析的精神療法の内と外の交流とその変遷について述べている。本治療を通じて，私は精神分析的病院治療という一つの治療文化の斜陽を実感したが，今となってはそれすら懐かしく思える。

Ⅲ. 文化について

　本書のタイトルにある文化という言葉は，専門用語としても日常語としても使われる。一口に文化と云っても，それが何を指すのか具体的にはわかりづらいかも知れない。辞書をみると，文化とは「人間が自然に手を加えて形成してきた物心両面の成果。衣食住をはじめ技術・学問・芸術・道徳・宗教・政治など生活形成の様式と内容を含む」などと記載されている。またcultureには，①文化，②教養，③耕作，培養，④訓練，修養，洗練，教化，などの意味があり，そもそもcultureの語源は，ラテン語の耕すcolereである。私なりに理解すれば，文化とは，人間が社会の構成員として生きるあるいは生活する中で，習得，共有，伝達を通じて身につけてきた，思考様式や行動様式の総体と言えるだろう。いわゆる社会には，民族，人種，宗教，世代，性別，職業，職種，

学校，地域，家族，血縁などをめぐってさまざまな組織や集団があり，そこには固有の文化があるように思う。その組織や集団の構成員になることは，その文化を身につけることであるし，他方でその文化を身につけると，その組織や集団の構成員になるのではないだろうか。人間は一度にいくつもの組織に所属することが可能であるし，また異なる組織に同じような文化が存在することもある。

　文化に関連した概念としてサブカルチャー（subculture）という言葉がある。辞書には，サブカルチャーとは「正統的・支配的な文化ではなく，その社会内で価値基準を異にする一部の集団を担い手とする文化。下位文化」などと書いてある。その場合は，若者文化，大衆文化，都市文化などのより限局した文化を指している。別の意味としては，学問，文学，美術，音楽など人類が生んだ文化の中で社会的に達成度の高い社会的マジョリティの文化（ハイカルチャー（high-culture）あるいは上位文化）から逸脱したマイノリティ集団における文化をサブカルチャーと考える見方もある。その場合は，エスニック・マイノリティ，セクシャル・マイノリティなどを指している。ハイカルチャーにはしばしば上流社会が愛好するものという意味があり，サブカルチャーには，ハイカルチャーに対抗する文化つまりカウンターカルチャー（counter-culture）という側面がある。文化には，上位文化と下位文化があり，上位文化と下位文化の関係は，多数派と少数派，主流と傍流，伝統と自由，保守と革新などのさまざまな関係があるように思われる。人間はいくつもの文化に属し，一つの文化には一つのアイデンティティがあるのかもしれない。

　しばしば島国である日本は諸外国に比べて単一文化であると云われる。巨視的にみると，そのように見えるかもしれないが，微視的にみると決してそうではないように私は思う。たとえば，思春期・青年期の人々の言動を多くの若者が共有している若者文化の問題として捉えることができるかもしれないが，臨床場面では若者文化という見方だけで思春期や青年期の症例を理解することはできない。文化には，国や人種などの'大きい文化'の他に地域や家族などの'小さい文化'があるように私は思う。臨床的にはそれらを複眼視的に捉えることが重要ではないかと思う。

Ⅳ. 精神分析と文化

　次に精神分析と文化の関係について述べたい。フロイトがユダヤ人であることや精神分析家にはユダヤ人が少なくないことからも，精神分析の発展にはユダヤの文化的土壌があると言えるだろう。私はそのような文化の中にいないので，それを本当に体験することはできないと思う。ウィーンから日本に戻った古澤平作先生が毎日分析である精神分析を週1回に修正した背景には，日本では毎日分析は定着しないという考えがあったとされる。近年，分析家が被分析者の居住地に出向くシャトルアナリシスや1日に2セッションを行うダブルセッションなどが海外で行われるようになった背景には，その国の文化的影響があると思われる。

　フロイトは文化について3つの視点をもっていたように私は思う。第一にフロイトは『文化への不満』(1930)において，文化は人間に抑圧を強いることで，人間の神経症形成に貢献していると考えていた。私なりに理解すれば，これは文化というものが人間の心にどのような影響を与えているかという視点である。日本では土居健郎先生は，日本や文化をテーマにした多くの著作を発表しており，まさに文化的体験から「甘え」を発見したといえるだろう。第二にフロイトは多くの文学や芸術を通じて精神分析を深めようとしていた。それはフロイトが晩年にゲーテ賞を受賞したことにも表れているだろう。私なりに理解すれば，これは文化を精神分析的に捉えるという視点である。日本では前田重治先生の芸の視点や北山修先生の浮世絵研究などはこの視点を極めたものと言えるだろう。第三にフロイトは，『続・精神分析入門』(1917)において，宗教や芸術や哲学との対比で精神分析独自の見方や世界観を示している。私なりに理解すれば，これは精神分析を独自の文化として捉えるという視点である。日本では松木邦裕先生や藤山直樹先生は，この点を主張しながら精神分析を実践しているといえるだろう。

　ウィニコット（Winnicott, D.W.）は，『文化的体験』(1967)において，人間の文化的体験の起源を「遊び」という第三の領域の中に見出そうとしていた。それはつまり人間の文化的体験は，赤ん坊と母親，子どもと家族，個人と社会の間の潜在空間の中で創造されるというものである。私なりに理解すれば，こ

れは親子関係あるいは治療関係に見られる文化的体験の起源を示していると言えるだろう。臨床との関連でこの視点について言及すれば，北山先生の歌や詩，藤山先生の落語や俳句などは，精神分析臨床とのあいだで展開する創造的な活動や関心であろう。また小倉清先生は，大人でありながら子どもの心にもなれる臨床家であり，まさに大人の文化と子どもの文化の二つの文化の中に生きていると私は思う。

　小此木啓吾先生の治療構造論や狩野力八郎先生のシステム論の視点は，精神分析と文化の関係を考える上で重要である。狩野先生（1986）は時間的空間的不連続性をめぐる主観的体験を境界体験と概念化し，スキゾイド患者は境界体験をもつ能力に欠けていると論じている。私なりに理解すれば，境界体験の障害は，文化的体験の障害として捉えることができるかもしれない。

　精神分析と文化のつながりについて，いくつかの研究分野があると思われる。第一の分野は，文化そのものあるいは文化の形成過程に関する研究である。たとえば，日本文化や琉球文化などの研究があるが，精神分析は文化研究に貢献できると思われる。そこには世代，性別，職業，職種，育児，学校などの下位文化に関する研究も含まれる。私はこれまで精神医学や精神分析の他に心身医学や学校や職場の精神保健にも携わってきたが，実際にその業界に属するとわかるが，各々の業界には独特の文化があると思われる。たとえば，宗教界，教育界，法曹界，政界，財界，芸能界，スポーツ界，角界など，一つの業界には独特の業界用語やしきたりがあり，独自の文化があるように私は思う。もちろんそれらすべてに自分自身が属しているわけではないので，これまで出会った患者や知人の実話を聞いて私が感じていることである。文化というものを精神分析的に研究するためには，実際にその文化の中に所属あるいは関与しなければ，本当にはそれらを体験することはできないと思う。

　第二の分野は，文化と疾病の関連に関する研究である。本書に掲載されている高橋論文はその代表である。日本でも多文化間精神医学会などの学会があり，疾病の国際比較研究もここに入るが，荻野恒一先生はこの分野で多くの仕事をしているし，西園昌久先生は精神分析の立場でこの分野に大きく貢献している。疾病の文化による差を検討することは，単なる疫学を超えて，疾病のメカニズムの理解にも役立つだろう。大橋一恵先生は，かつて日間賀島と篠島の２つの

島の比較精神医学研究に取り組んでいるし、最近では小川豊昭先生はひきこもりに関する日仏の比較研究に取り組んでいるが、そこにも精神分析は貢献できるに違いない。

　第三の分野は、治療文化に関する研究である。これについては中井久夫先生の研究が有名である。本書に掲載されている権論文はそれをテーマにしている。さらに衣笠隆幸先生は2003年に日本精神分析的精神医学会を設立したが、そこでは精神医学と精神分析の二つの治療文化の統合に向けて取り組んでいると言えるだろう。精神分析は、治療文化を研究する優れた方法であり、それ自体が一つの精神分析的治療文化を形成していると私は思う。

V. 治療という culture

　臨床場面で患者と会っていると、患者の家庭の文化というものを感じることがある。一つの家庭には一つの文化があるのではないかと私は思う。その文化は大抵は父親の文化と母親の文化が混ざったものである。成長とともに、人は家庭の文化から出て、学校や地域や職場や社会という文化に属するようになる。患者はいくつもの文化的体験を経て治療者と出会う。同じように治療者にもいくつもの文化的体験があり、患者は治療者の属する治療文化の中に入ることになる。治療者の属する治療文化の中で、治療者の文化と患者の文化の交流が起こる。すると治療者と患者の二人の文化が生まれる。治療が濃密になるほど、その傾向が強いように私は思う。治療文化の形成は、必ずしも精神分析的治療に特有ではないし、一つの治療法や治療モデルには、一つの治療文化があるのかもしれない。私自身の経験でいえば、エンゲル（Engel, G.L. 1980）のBio-psycho-social medical modelの影響を受けた心身医療には、精神医療とは異なる治療文化があったように思う。だが他の治療に比べて精神分析的治療では、治療文化の形成過程が顕著であるように思う。なぜなら治療文化を育みながら、それを扱うことが精神分析的治療文化であるからである。

　ここで述べた文化というものは「無意識的なもの」「言わずと知れた、暗黙のもの」「背景的なもの」「日常的なもの」「生活と結びついたもの」「それを構成する者が共有しているもの」「当たり前のもの」「前エディプス的なもの」

「非言語的なもの」「習慣化したもの」などを指していると思われる。しかし「意識的なもの」「前景的なもの」「非日常的なもの」「当たり前でないはないもの」「エディプス的なもの」「言語的なもの」なども文化になることがある。つまり文化は，精神から社会，思考から行動，個人から集団，個人から社会，無意識から意識，前景から背景，日常から非日常，エディプス的なものから前エディプス的なものなどを幅広く含んでいると思われる。少なくとも，それを文化というためには，過ごす，生きる，生活する，暮らす，営むという‘時間’と‘空間’が必要である。文化はある種の構造化した習慣であり，そこには歴史が生まれる。文化はさまざまな次元で人間の心理社会的活動に影響を与えるし，人間の心理社会的活動の結果が文化であるとも言える。ここで最も強調したいことは，**人間は文化の影響を受けながら，同時に文化に影響を与えている**ということである。それは治療文化についても同じである。

Ⅵ. 精神分析という治療文化

　精神分析は常に臨床から出発し，そして常に臨床に向かっている。精神分析を学ぶには実際に精神分析的臨床を実践することが必要である。私はこれまで日常業務の間を縫って，なんとか精神分析セッションの時間と場所を確保することができた。土曜や日曜の自分の時間を使うことで，なんとか精神分析の研修や訓練を受けることができた。つまり私にとって精神分析は‘陽の当たる時間’や‘陽の当たる場所’では決して触れることのできなかったものである。かつて米国では精神分析の黄金時代があったようであるが，私自身の経験では，精神分析は精神医学においても臨床心理学においてもすでに主流とはいえない状況であった。精神分析に陽の当たらない現代は，精神分析の暗黒時代といえるかもしれない。このような時代において精神分析に取り組もうとする自分はマイノリティだと思う。だがそもそも精神分析は人間の心の中の‘陽の当たらない場所’に光を当てる臨床実践である。その意味において，**精神分析はマイノリティの治療文化である**と私は思う。先述の上位文化と下位文化の関係のように，精神医学や臨床心理学などの上位の治療文化に相対する下位の治療文化として精神分析という治療文化は位置づけられるのかもしれない。

その一方で，私は高橋先生に師事する中で，精神分析に真剣に取り組む多くの先生方と出会うことができた。それらの先生方は，学派，経験，年齢，性別，地域，性格など，さまざまであるが，どなたも精神分析という一つの文化の中で生きていると私は感じた。そのような先生方の存在と地道な活動によって支えられる臨床実践が精神分析の治療文化であると私は思う。さらにこのような'陽の当たらない場所'にある精神分析の世界に変わらぬ関心を向け続けてくれる岩崎学術出版社をはじめとするいくつかの出版社は，精神分析の文化にとってかけがえのない存在である。そこに私は出版社の出版文化というものを感じる。実際に本書の企画から出版まで私は長谷川純さんに支えられていたと思う。この場を借りて心より御礼を申し上げたいと思う。その努力に応えるためにも本書が'陽の当たらない本'にならず，陽の当たらない精神分析に少しでも光を照らすことができれば，編著者の一人としては幸いである。

Ⅶ. 序文の終わりに

本企画を検討する過程で，編著者に加わっていただいた権先生が実は私と同じ中学高校の学校文化の中におられたことがわかった。それは，私にとって本書の意味をより深いものにした。ところが，2008年の夏に本書の企画ができた後，私の編著者としての力不足で出版が大幅に遅れてしまった。その後，高橋先生は2010年の冬から生活の拠点を再び米国に移され，2011年の11月には数えで傘寿をお迎えになった。さらに2012年の6月に大阪の精神分析セミナリーのオフィスを閉じて，米国に帰国されることになった。本書の意味は，当初の喜寿の祝いではなく，傘寿の祝いと日本における高橋先生の精神分析的教育活動に対する感謝の意味へとすっかり変わったしまったように思う。出版の過程でみられた出版の停滞という現象は'出版への抵抗'であり，それは米国に戻られる高橋先生との別れに対する抵抗かもしれない。今から思えば，私がこのような企画を思いついたこと自体が高橋先生との別れに対する内的作業の始まりだったのかもしれない。

本序文において，私は高橋先生に対して「日本に帰国する／戻る」という言葉と「米国に帰国する／戻る」という二つの表現を使用していた。私がこの文

章を書いているのは，高橋先生が日本を去る前である。私の心の中で，未だに‘日本に帰国する高橋先生’と‘米国に帰国する高橋先生’の二人の先生が心の中で整理できていないのかもしれない。また高橋先生の立場になれば‘行く’体験から‘帰る’体験へと変わってゆく過程は、まさに文化葛藤を乗り越える過程であると私は思う。

　最後に，もはや言葉では言い表せないが，高橋哲郎先生への感謝の意を表して，この序文を閉じたいと思う。

　2012年3月31日　洲原公園の桜の開花を待ちながら

岡田　暁宜

　　本書の扉の絵は，高橋哲郎先生が時々描いておられるスケッチの中の一枚であり，高橋先生が地下鉄の駅のある地階からオフィスのある地上に向かって長い階段を登る情景を高橋先生ご自身が描いたものである。私も何度も登った階段であるが，かなり険しい階段である。この絵は「古い文化」から「新しい文化」へ移る過程の葛藤と苦難をよく表しているように思う。

第 1 部

精神分析と文化葛藤

1. 文化葛藤と病

高橋　哲郎

Ⅰ. はじめに

　筆者が家族を連れて渡米してから十年余りの年が過ぎた頃書いた論文が，文化葛藤の新鮮な体験を表わしているので，それを抜粋しながらこの章を始める。

　私は渡米時すでに中年に入っていたから，皮膚から骨の髄に至るまで，日本文化が浸みこんでいたと言ってよかろう。そういう筆者がアメリカという異質の文化の中で，とにかく入院する程の病気にもならずにやってこれたのは，幸運と言えば幸運である。筆者自身が文化葛藤をいかに乗り切ったかを考えることにより，学べることが沢山ありそうである。

　筆者自身のカルチュア・ショックの経験について二，三ごく簡単に触れておこう。

　サンフランシスコに到着したアメリカでの第1日目に，急性の深い不安に襲われ，何も彼も投げ出して日本に戻りたいと思ったこと，筆者の見当識は日本では問題なかったのに，渡米後しばしば方向，場所，人，時刻等について混乱したこと，ニューイングランド地方で過した第1年目の冬，窓の外に降る雪を見る毎日の淋しさ，同僚のレジデント2人が相次いでいとも簡単に解雇されるという事件のあと，自分も「捨てられる」のではないかという恐怖に襲われたことなどは，筆者の発達初期の経験に根を持つと思われる深刻な経験であった。対人関係においてよく知られているアメリカ人の個人主義的態度に実際にぶつかってみると，驚いたり狼狽したりすることが多かった。そして彼等が，子どもをすでに赤ん坊の時代から，できるだけ自立させようとしていることを折に触れて観察し，これこそ日米文化の相違の源泉であると思ったことなどである[1)2)3)]。

II. 文化葛藤を描いた二, 三の著作

　筆者のごく限られた経験はさておいて, 文化葛藤に関する秀れた著書が多くの人々によって発表されている。土居の『甘えの構造』[4]は実質的にもはや古典に属するが, 最近読んだ本の中で筆者が特に興味を持った二, 三に触れておこう。

　深田[5]は日本人が欧米文化に適応するまでの様々な経験を, 心の琴線に触れながらユーモラスに描いている。例えば, 外国の空港ロビーで, 出迎えが来なかったためにパニック障害に陥った日本紳士, イギリスの自動車免許試験に, ルール尊重・人命尊重の基本的精神を理解してから初めて合格した同僚の話, 売買の交渉となると, その人の地位や関係にかかわらず, 激しい自己主張の「鬼」になるイギリス人の話, 妻と子どもはいわば契約によって結びついた他人でしかないというイギリスの家庭の話など, アメリカでの筆者の経験に共通している。

　春名[6]は1832年に漂流した一日本人漁夫音吉の生涯を史実に基づいて描写する。音吉は鎖国末期の特殊な国際, 国内事情のため, 12年間故国の土を踏むことさえも許されなかった。音吉はきわめて日本的にこの不条理を己れの罪業として引き受け, その贖罪として, 以後他の日本人漂流者を救済することに力を注いだ。20年後, 長崎奉行の勧めにより帰国の機会を与えられたが, この時音吉は自らの意志によってそれを拒絶した。「望郷の思いを断ちきらざるを得ない強いきずな」を上海につくりあげていたからと著者は言う。「音吉にとって真の意味での漂流は, このときはじまった, ともいえる」と書かれてある。しかし著者自身が, 上海での強いきずなを音吉の帰国拒絶の理由にあげているように, 音吉自身にとっては漂流ではなく（日本にいる日本人の目には漂流とうつるにちがいないが）, 自らの責任による新しい自我同一性の選択が行われたとみるのが正しいと筆者は考える。事実音吉は自己の良心に基づいて行動できる心の自由と, 国際的な視野から日本全体を見ることのできる器量とを備えるようになったことが書かれてある。

Ⅲ. 文化環境の変化と病い

　新しい文化に接した時のカルチュア・ショックと，新しい文化に真の意味で適応するまでの，心の中の新旧文化の葛藤が，病的な反応を生むことがしばしばある。病的ではあっても，それが個人の人格の統合を微妙に守っていることが観察・理解される。筆者が扱った子どもの中から2例を紹介しよう。

　ある3歳の日本人の男の子は，アメリカ移住直後から2年間通った幼稚園の中で，一さい口をきかなかった。いわゆる選択性無言症であるが，この子の人格の統合は，幼稚園の中で外国語のコミュニケーションを試みる危険を一さい遮断することで守られたといえよう。後になってこの子は，この幼稚園での経験を思い出すことができなかった。

　別の3歳半の日本人の女の子は外交官の娘だった。父が急に帰国命令を受けたために，心の準備をする間もなくアメリカから日本に帰った。それから間もなく，毎朝幼稚園に行くのを嫌がり，嘔吐する症状が始まった。いわゆるごく早期に現われた登校拒否症である。児童外来で数回面接しているうちに治ったが，急な帰国がこの子の理解を越えた大きすぎる変化であったこと，彼女のアメリカに居たいという意志を無視した両親への怒り，アメリカの友達との離別の悲しみ，などが子どもの心にうっ積していたことが明らかになったのである。登校拒否と嘔吐は，外からの一さいの影響を受けつけないという，この子どもの深い層から出てきた反撃と理解されよう（食物は人間が生れた直後から本能的にとり入れる物であるが，外部からの侵入物であることには変りがない）。

　このように文化環境の変化に基づいた病的反応は非生産的，自己破壊的であるが，他方心中の葛藤の表現でもあり，葛藤に対する個人の一つの解決でもあることが分る。病的な反応が右に書いた症例の域を越えてはるかに深刻になった場合は，精神科治療・入院治療の対象となる。次の項では，母国の文化を離れて異国の文化の中へと移住した人々の精神障害について記述しよう。

Ⅳ. 移民の精神障害についての文献

　この領域におけるごく初期の文献として，移民の国アメリカを舞台に書かれ

た2つの論文をまず紹介する。

　ラニイ[7]は1850年に，ニューヨーク市精神病院で入院治療を受けた143人のヨーロッパからの移民（移住後1年以内の発病者に限る）について調査・報告した。患者の大部分は「マニア」で，典型的「メランコリア」は一人もいなかった。「マニア」の患者の多くは6カ月以内に完全に治癒した。彼は移民の精神障害の原因を，移住に伴う劣悪な環境条件（航海中の栄養など）と考えていたが，それに加えて，新しい環境に慣れるための困難，アメリカ移住についての非現実な夢が破れたことなど，心理的な原因もあげている。そして，「人間愛と親切」を基盤にするモラル療法が非常に有効だったと述べている。

　1932年にエゼゴール[8]は，19世紀末から40年間にわたるノルウェーのアメリカへの移民（統計的に選択された約1,000名）の精神病の種類と頻度を，ノルウェー国内の精神病（約2,000名）と比較した。彼女は，移民には分裂病の発生がはるかに多いが，情動障害（躁鬱病）の発生は母国における方がやや多いことを明らかにした。そして，その原因として，移民する人々はもともと分裂気質が多く，より協調型の人々は（当時情動障害に結びつけて考えられていた）移民することが少ないからだろうと考えた。しかし1974年にローゼンタール[9]は，デンマークでの養子研究に基づいて，分裂病に関連する遺伝子が，外国への移住と関連するという仮定には疑問があるばかりか，その逆が真かもしれないと結論している。

　ここで焦点をしぼり，移民と重症精神障害の文献（主として英語論文）を通覧してみよう。

　まず情動障害についての論文が少ないことは，エゼゴールの観察と一致していて興味深い。フセイン，ゴーマソール（1978）[10]は，アジア移民の反応性うつ病の特徴は，西欧の移民に比し身体化された症状が多いと述べている。この観察は，日本人に関するこれまでのいくつかの報告と一致する。しかし，ヘフナー，モッシュル，オズク（1977）[11]の，西独のトルコ移民労働者が，移住後最初の3カ月間は抑うつ症状を呈するが，1年半後には精神身体症状にとって代ったという報告，およびデ・バロス-フェレイラ[12]の，ポルトガル人移民にみられる「移民の異型ヒステリー症候群」（彼等も種々の精神身体症状を訴える）の報告があることも頭に入れておく必要があろう。

移民の自殺に関する論文は次のようである。マラー（1966）[13]はイスラエルでは移民に自殺が多いことを報告し，精神力動的に対人関係の破綻の置き代えになっていたと指摘する。ワン，ピリサック（1977）[14]もサンフランシスコ中国人街における自殺が異常に高いことを報告している。一方バーキー（1978, 1980）[15) 16)]は英国バーミンガムにおける自殺企図および薬物・アルコール濫用を調査し，ブリティッシュ・コモンウェルスからの移民には，もともとの居住民よりも発生率が低いことを記録している。しかしアジア人については，自殺企図の前に対人関係のあつれきのあった例が，英国人に比べてはるかに多かったという。西洋と東洋の文化の違いをそれとなく表わしているように思われる。

次には項を新たにして，移民の精神病的反応ことに急性妄想障害に注目する。この障害は，文化環境の変化が直接の原因となって精神病状態になるが，文化葛藤がとり除かれれば健康に戻るという病気である。

V. 移民の急性妄想障害

急性妄想障害という病名は，1980年から全国的に一せいに採用されたアメリカのDSM-III[17]の中の一診断カテゴリーである。その記述によると，急激な環境の変化を経験した人が急性に妄想状態になるが，鮮明な幻覚はない。患者の情緒，行動は妄想の内容にふさわしい。躁やうつの状態にはなるが，典型的躁うつ病の診断基準にはあてはまらない。病気は最低1週間続き，最高6カ月以内に寛解し，慢性になる例は稀である。外国移住民，逃避民，捕虜，徴兵，生れて初めて家庭を離れた人々などに起る。

移民の間にみられるこの種の障害に関しては，環境変化によって起る精神病という観点から，かなり昔からいくつかの研究が発表されている。

アレルス（1920）[18]は，第一次大戦中ウィーンの軍病院に入院した3人の異国傷病兵について報告している。彼らは母国語の通じない環境の中で，抑うつ不安の色彩を持ったパラノイド幻覚反応を起したが，言語が通じる情況になったらその症状が消えたという。

フロスト（1938）[19]は「ホーム・シック病」と名づけた精神病患者の一群を報告した。彼らはオーストリアおよびドイツからイギリスに家政婦として移住

してきた 40 名の女子 (大部分は 40 歳以下) で, イギリス到着後大部分は 15 カ月以内に急性の分裂病的状態に, ただし中年者はむしろパラフレニック更年期うつ病になった。そしてそのうちの多くがいわゆる植物神経症状や中毒脱水症状を呈した。彼等の 60% は 1 年以内によくなった。もともとの人格のタイプは様々に異なっていたが, 症状・経過・予後がきわめて類似していることから, フロストはこれを環境反応と定義し, 孤独感と疲弊が精神病状態の原因であると考えた。

キノ (1951)[20] は 5 人のポーランド男子 (25 歳から 37 歳まで) について報告している。彼らは第二次大戦中故国を離れ極度のストレスに耐えてきたが, 戦後イギリスに移住し, そのあとポーランド人グループから離れたあと精神病になった。彼らは興奮, 恐怖, 時折の混乱, 深い不信, 情動暴発, 妄想, 錯覚, 幻覚などを呈し, 「パラノイド精神病反応」と定義された。精神療法, 電気ショック療法, インシュリン昏睡療法などを受けて改善し, もとの生活に戻ることができた。キノは, この群の基本障害が情動の障害か, 認知・判断の障害か区別することは困難だと言っている。

この他, クラウス (1969)[21] やリトルウッド, リプシッジ (1978)[22] の論文は, 移民には分裂病ないし妄想状態が多くみられることを報告している。

島崎・高橋[23] (1967) はアメリカ留学中に重症分裂病やうつ病と診断された日本人が, 帰国後 1, 2 日家族と生活するのみで特殊治療を加えることなく治癒に至った症例を報告している。分裂病の診断を受けたものもすべて抑うつ状態が加わっており, 必ず心理的発病因子が存在し, 症状発展が心理的に了解ないし説明された。全例 (5 例) が単独で渡米した例で, 妻子を同伴した場合の発病例がなかったことを特記している。

クマサカ, サイトウ (1970)[24] は日本人移民の集団的妄想反応について報告している。第二次大戦後ブラジル在住の 30 万人の移民の大部分は日本の勝ちを信じた。敗北を認めた少数派との間で, 双方で 15 人以上の指導者が殺されるという悲劇がおきた。現在でも少数は勝ちを信じ, 他のグループから完全に隔離した生活を送っている。これは旧文化の威信の失墜をきっかけとして, 逆に旧文化の原始的魔術的理想化が強化され, 現実を否定しうるまでになった例といえる。

以上見てきたように，文化環境の変化が最も深刻な精神障害をおこし，しかも文化環境をもとに戻すことによって治癒されるという事実は，われわれの研究興味をそそらずにはいない。この研究は，文化がわれわれの精神にとって，どの水準でどういう機制で影響を与えているのかの解明，さらに環境の変化と精神病状態との力動の解明に寄与することができるだろう。

VI. 文化葛藤の精神力動

文化をめぐっての葛藤を精神力動的に扱った文献は比較的少なく，筆者の知り得た範囲では次のようである。

プランジ (1958)[25] は一人の若い中国婦人の症例研究に基づいて，文化が口唇性の満足を供給する源であり，新しい文化は供給源として欠陥があるため，口唇性愛情の剥奪をひきおこすこと，そして剥奪による口唇性の痛み（空腹）が投影されて妄想状態を生み出すと説明した。

小倉[26] (1966) は，留学経験は人格の再検討を迫るという観点から，その経験を精神療法の過程と思春期発達の経過に類比した。そして文化の葛藤を解決する過程が人間の本質的な成長過程と関係があることを示唆している。

ガルザ‐ゲレロ (1974)[27] はカルチュア・ショックは大規模な対象喪失から由来すること，そしてその解決は哀惜*（Mourning）と，人格再編成を通しての新しい自我同一性の確立によって達成されることを明らかにした。

＊Mourningについては喪という訳語も使われているが，筆者は「哀惜」という日本語が，その概念をもっとも正しく表わしているように考える。哀惜とは愛着した対象を現実に失った時の反応である。その対象をとり戻したいという強い希求とそれが不可能であるという現実認識は，悲しみとともに苦痛の感情を呼びおこす。しだいに失った対象に向った強い感情が柔らぎ，その対象を客観的に評価することができるようになり，建設的な記憶として自我の構成部分にすることができる。哀惜の作業を完了するためには，少なくとも正常思春期の発達レベルに達していなければならないとウォルフェンスタインは主張する[28]。

これらの著者は，文化環境の変化が人格構造に深く影響することを明らかにしているが，われわれはさらに基本的な観点から文化葛藤の精神力動を考察してみよう。議論は次の2つの設問に沿って進めることができるだろう。すなわち，

10　第1部　精神分析と文化葛藤

(1) 文化は人格の深層にどのように係わり合っているか。

(2) 母国を離れ異国に住んだ時，精神病状態，とくに妄想状態が発生する心理過程を，文化と人格の基本的な関係から解明できないだろうか。

これら2つの設問に答えることは，文化葛藤による病いの治療と予防に役立つばかりでなく，いわゆる内因性精神病の発生機構を精神力動の観点から解明するための基礎にもなると考えられる。

過去百年に近い精神分析学の研究は，精神障害が発生発達的な問題と密接な関係を持っていることを実証してきた。近年とくに境界人格障害，自己愛人格障害の研究を通して，発生発達的観点からの接近が進んだ。代表的臨床学者たち，例えば，ジェイコブソン，マーラー，カーンバーグ，コフート，マスタソン，リンズリーらに共通する基本的な接近法は，人格障害・精神病に特徴的な認知，情動，内的経験，対人関係の病理が，人間の3，4歳までの発達，とくに対象関係と認識の発生過程の欠陥や歪みに根を持っていることを明らかにすることである。この接近法は精神障害を理解し治療し予防するさいに，検証可

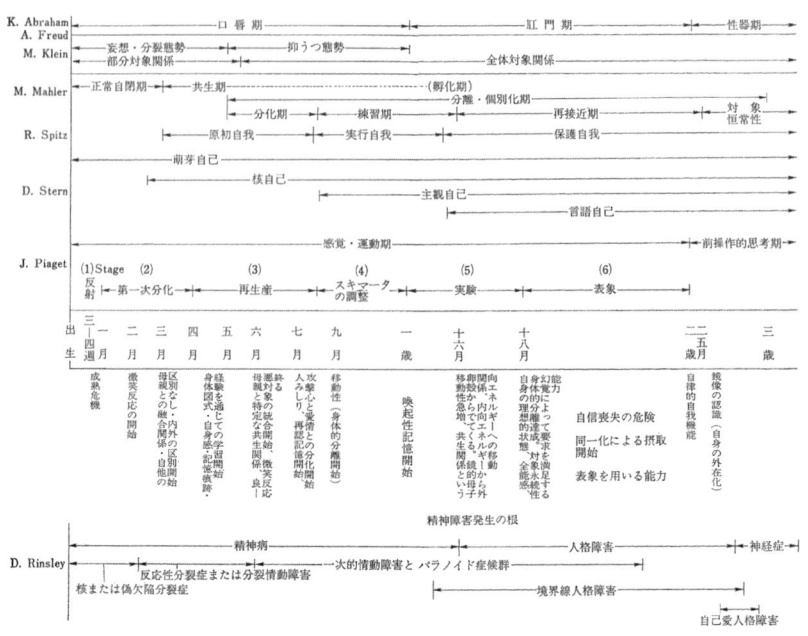

図　正常発達諸相と精神障害発生の根

能な臨床研究モデルを導入したと考えられる。われわれは，文化・人格・文化葛藤と病いという一連の課題にこの接近法によってとり組みたいと思う（図参照）。

　まず文化を発達の観点から理解してみよう。ウィニコット（1951）[29]は，人間の発達において最初の自分ではない（not-me）所有物を，移行対象，移行現象（transitional object, transitional phenomena）の概念のもとに論じた。移行対象は通常，柔らかい布端，毛布の端，毛，羽毛のかたまりなどで，赤ん坊が自分のげんこや指をしゃぶり始める頃と，後になってぬいぐるみに愛着を示し始める頃との中間時期，すなわち生後4カ月から12カ月の間にあらわれる。移行対象は母子合体の象徴であり，この対象のおかげで，こどもは母子分離を突然経験するということに直面しないですむのである。またこの対象を赤ん坊は狂わしいほど大事にし（愛着），他方ひどく乱暴にとり扱う（攻撃）。この対象関係は，口唇期の特徴すなわち，「愛は愛する対象を破壊する」という性質を持っている。筆者の観察した何人かの幼児は，この大切であるはずの移行対象をしょっ中どこかに置き忘れる（密着と分離の両極端）。それに気づくとうろたえ泣き騒ぐ。明らかにウィニコットのいう「考えることのできない不安」"unthinkable anxieties"[30]に襲われ，急性混乱状態に陥る。幼児は見失った移行対象を自ら探す気もなくおろおろして，ひたすら親に探してくれと頼む。以上の行動は，赤ん坊にとって移行対象は，「持ち物でありながら持ち物でない，つまりいつも親から与えられていなければならない」ということを明示している。移行対象はまた，外部対象としての母親の現実の乳房と，「魔術的に」自分の一部となった内部対象としての乳房の両方に同時に関係している。かくして移行対象は赤ん坊の内的現実であると同時に外的現実でもあり，一種の錯覚（illusion）の現象に属すると考えられるのである。移行対象はまた，特定の感覚的特徴（感触，形，色，匂い，音）を持った対象であり，こどもが後に自ら捨てさることができるまで，けっして代用がきかない。この意味で赤ん坊の移行対象についての経験は，特定の対象を深く再認することであり，この原初的経験が後に，文化葛藤に重要な役割を演ずる期待と再認の問題につながって行くと考えられる。

　移行対象への赤ん坊の愛着は，文化的興味が発達するにつれて徐々に弱まる。

赤ん坊にとっての移行対象の意味は，文化の領域全体にわたって拡散されるようになる。1966年ウィニコットは，「文化経験の位置」[31]という論文の中でこの観点をさらに吟味し，生物学的に決定された人間の内的現実と，共通の所有物である外的現実との間に，第3の領域というポテンシャルの領域があることを指摘する。ここは赤ん坊が母親と共在すると同時に離れて存在するという経験，そして赤ん坊が環境に信頼感を経験し始める領域である。ここでは個人個人の経験のしかたが著しく異なっており，したがってこの領域こそ個人が創造的に生きることができる領域である。この領域は移行現象の一種である「遊び」の発生する唯一の場所である。そして「遊び」は後に文化の諸要素となる。例えば絵画，音楽，演劇，映画などである。筆者はこれらに加えて，広い意味で文化に含まれる挨拶・応答のしかた，社会習慣，社会規則，価値・道徳基準なども，赤ん坊が経験する，内的現実と外的現実との移行対象（ないし移行現象）の発展変形したものと考える。ウィニコットによれば，文化は相続された伝統であり，共通の人間性貯蔵庫であり，個人個人が貢献し同時に何かをひき出すことができるものである。この領域においては，伝統の受容と独創性とが相互に作用し合う。それは同時に〈母子〉合体と〈母子〉分離との相互作用に他ならない。だからこそ，総体としての文化の影響力は，人格の深層に及び強力に働くのだと筆者は考えるのである。

　ウィニコットのいう第3のポテンシャルの領域の概念は，フェーデルンのいう自我境界の概念につながっているように考えられる。リンズリー[32]は自我境界を，自己の内部知覚・経験と，外界の刺戟による知覚・経験とを区別する漠然と知覚された境界線であると説明する。筆者は，移行対象は，最初の非自身でありながら自身であるとも錯覚されているように，右に述べた自我境界の外在化された現象であると考える。このことについては後に妄想状態の発生機制の説明のさい再び触れることになろう。

　ここで第2の設問，母国を離れ異国に住むようになった時，どのようにして精神病的状態が発生するのかを考えてみよう。

　まず母国文化を離れた時の喪失体験を吟味することから始めたい。

　われわれは総体としての文化が，発達的には1歳以前の移行現象に根を持ち，しかもその当時の，人格全体に及ぶ強い影響を保持していることを明らかにし

た。しかも文化はただ人間の外から影響を与えるだけでなく，その内部から人間が常に参加し創造し続ける領域でもあることが分った。この理解の上に立つと，母国の文化を離れることの意味をより詳細に考えることができる。赤ん坊が移行対象を無くしたことに気づくと，〈母子〉合体と〈母子〉分離の両者を同時に経験しうる第３の領域を失って，突然〈母子〉分離の谷間を経験することになる。母国の文化を離れたことに気づくことは，それと同じ深刻な経験であると考えられる。これが今までカルチュア・ショックという名で呼ばれている経験の重要な要素であろう。ウィニコットは，移行対象を失い移行現象の作用しない状態では，こどもは外部の現実を被害的に経験するという。これは一次過程が相対的に強く作用している内部現実が，一次過程の通用しない外部現実に直面し，妨害されるという経験が生じるためであろう。さらに移行対象がないということは，前に述べた幼児の例で明らかなように，「母が見つけてくれない。（したがって）母がとり上げた」という口唇期特有の愛情剥奪の経験（メラニイ・クラインのいう妄想‐分裂ポジション）[33]でもある。そして幼児は自我崩壊の様相を呈する。しかしもし移行対象や移行現象が回復されると，こどもの状態は嘘のように治ってしまう。興味深いことに，急性妄想障害の患者は自ら母国に戻る術を知らず，身内とか，医師とか，国家機関とかの親代りの人々のあっせんで帰国することになる。しかもいったん母国の文化に戻ると，重症な精神病状態──妄想──から急速に回復する。そして島崎・高橋が指摘したように[34]，家族同伴の移住日本人たちに発病がなかったことは，家庭が母国文化の本質的構成要素であり，移行対象の機能を十分に発揮していることから理解することができる。これらの事実と前に述べた移行対象を見失った幼児の例との関連性を明らかに認めることができよう。

　さて次に，異国に移住した人間が，異国の文化をどのように経験するかを考えてみたい。

　異国の中で誰もが圧倒的に経験することは，異国の文化に親和感が持てないということである。親和感はある外部対象に対する無意識の期待が，ほとんど常に現実に答えられている時に経験する感情であるといえよう。それは内的現実と外的現実が無意識に常に一致している点で，移行現象に関連し，前に触れた発達の初期にあらわれる再認作用（なじみのある対象をそれと認める）に伴

う感情と考えられる。

　ピアジェ[35]は再認が深い根を持つ経験であることを，こどもの観察を通して明らかにした。人間は生後5-6週になじみのある顔，声を再認識するようになる。なじみのない顔，声に接すると驚愕反応を起す事実がこの説を支持している。この時期はベンジャミン[36]のいう成熟危機（3-4週）に続き，スピッツ[37]の微笑反応の時期（2-6月）や移行現象の始まる時期（4-12月）の前に位している。ピアジェによればこの再認は，心像と現実の感覚が連合した時の経験であり，それにより保持された心像の観念が形成され，しだいに対象自体が永久性をもつという信念が発展する。発達が進んだ時期の再認は，「なじみと満足の印象」と定義される。これはあるきまった認識の図式が継続する場合に限って成立するという。また親に再認されるという発達初期の経験が，人間の自信の発達にとって不可欠であることが，ナルシシズムの発達の臨床研究を通して明らかになった。コフート[38]はこの種の再認をとくに鏡作用（mirroring）とよんでいる。以上のような意義を持つ再認の経験が，異国の文化の中に入ることにより，根こそぎ妨害されることは明らかである。

　エリクソン[39]は根こぎ（uprooting）経験と名づけて，逃避民たちのように故国を離れたり追われたりした人々の心理を描写する。彼によれば，根こぎ経験により人は退行を起し，自らが他を再認し，また他から再認されるという基底的な希望と，その裏側にあるこの希望が失われた時の恐怖，死人に対する恐怖，そして生れた時に死んでいたという同一性についての恐怖があらわれるという。人間の個体発生に伴う孤独は非常に深く内的なので，根こぎ経験，捨てられる経験，隔離経験などは，人が生れた時から既に知っていたこの孤独へとこだまして行く。さらに人間は自己迫害の内在的傾向を持っているので，迫害者と同一化する傾向を示し，歴史的な災難や病苦という迫害を，「人間の条件」として受容するのだという。現実的に災難がある場合は病気ではないが，根こぎ経験そのものが人間に内在する深い孤独感，それを補うために生じてくる魔術的希望，そして絶望，恐怖感を刺戟し，現実に環境が迫害していないのに迫害として経験されることがある。エリクソンのいう「基本的信頼」を育くむ「なじみ深い顔」（母の顔）が，突然なじみのない，奇妙な，反応しない，回避的な，暗い，そしてしかめ面をした顔に変る。これこそ移民が，そして精神病

者が経験することなのだ，という。エリクソンは移民の体験を，「彼は知りもしないし，知られてもいない。自分の顔がないし，再認する他人の顔もない。」と描写する。「なじみ」についての問題が精神分裂病病理の基本にあることは，土居[40]もまた指摘している。彼は，分裂病者の最大特徴は，「なじんでいる世界に保護されぬまま，見知らぬ世界に晒されているという点に存する」といっている。人格形成と文化の関係の項で前述したが，赤ん坊もまた自らの固有の成長の型と，文化の圧力との間に頻繁に葛藤を経験する。しかしこの場合，母親を含む健康な文化は柔軟に反応し，赤ん坊の固有なあり方をまず尊重する。しかし移民に対する異文化は容赦しない。なじみのある旧文化を幾分でも提供することなどあり得ない。移民は異文化に絶対服従するしかないのである。唯一の妥協の道は，世界中の移民達がしているように幸運であれば同文化をもつ者同志が少数集って，異文化の中に自分達固有の小さな文化圏を作ることである。次に述べる自我境界の外界化とも考えられ，その中に受入れられた個人の自我境界へのエネルギー補給に役立つ。

　根こぎ経験は喪失と迫害の経験をもたらすばかりでなく，人格の深層での規制をとり払ってしまう。多くの移民たちが一様に夢をふくらませてアメリカ新大陸にやってきたように，移住には，発達初期に一時活発となりその後抑制されていた誇大的セルフ（コフート）を再び強く刺戟する基盤がある。筆者が治療した妄想型分裂病の患者の一人に，アラブ世界から来た青年がいた。彼は従来はまったく健康であったが，海外留学が現実化することが分った瞬間から，誇大的な考えを周囲に洩らすようになったと報告された。

　発達的対象関係論からの以上の説明を補足，支持するために，心的エネルギー経済の見地から，母国文化喪失のために妄想状態になる機制を検討してみよう。

　自我の一つの重要な機能である対象関係をエネルギー経済的見地から検討したリンズリー[41]は，フェーデルンのいう自我境界の力動を次のように説明する。自我境界は自己の内部にもとづく知覚・経験と外部に基づくそれらとを区別する，漠然と知覚された境界線である。自我境界に貯えられたエネルギーが少なくなると，自我境界は弱まり，本来内の経験が境界の外に溢れ出し，自分の外のものとして経験される。そこで脱現実がおこり，現実検討能力が失われて精

神病の状態になるという。ところで筆者が前述したように，自我境界が移行現象と等価的であれば，自我境界は再認の経験と密接に関係していることになる。

　移行現象の発展としての文化は，その中で育った人々に，ほとんど常に再認の経験を供給し続ける。すなわち無意識の期待と，その期待が答えられることである。再認し，再認されることにより，なじみのある対象と自身の心像が再強化され，したがって自我の構造が強固になる。また期待が応えられることによる満足は，心身を理想的な状態に導き，心身のエネルギー貯蔵が増し，自我ことに自我境界の機能を強化するために使うことができる。他方このようなじみのある文化を離れ異国の文化に身を置いた時には，無意識の期待はほとんど常に期待はずれに終る。期待という高まったエネルギーは空虚な空間に失われ，現実の感覚との一致を求めていた心像が弛緩する。無意識の期待が意識的になれば，幸いにして理性的な解決に達することもあろう。逆にかえって期待と現実との一致を強要するようになれば，いわば周囲から総すかんを喰い欲求不満と怒りを募らせることにもなる。このようにして自我はエネルギーを消耗し，自我の構造は弱まる。かくして自我境界は弱まり先に述べたように精神病状態が発生すると考えられる。文化とくにその文化に特異な側面に強く依存している人（例えば日本文化の甘えとやせがまん[42]という特異性に同一化している人）が，その反対面を特徴とするような文化（例えば甘えを許さず，やせがまんなど一顧だにされないアメリカ文化）の中で生活する時には，再認の欠如の影響は深刻で，自我のエネルギーは著しく消耗されることになる。

　このようにして発生した精神病患者が母国文化に戻り，再認を通してエネルギーが補給されると，急速に治って行くことは，右に述べた再認と自我境界の力動的な交流に関する仮説を支持しているように考えられる。

　われわれは第二の設問，すなわち異国文化の影響による精神病状態の発生にとり組んできた。この設問には，認識発生のモデルを用いて接近することもできる。

　ピアジェ[43]は認知発達を生物学的適応の原則に基づいて理解している。ワズワース[44]のテキストによってこれを説明しよう。生物の身体機能発達が，物理的外界への適応と環境の内的組織化の両輪によって運ばれる原則は，人間の認知の発達にもあてはまる。これを理解するためには，スキマー

タ（図式，schemata），アシミレイション（assimilation），アコモデイション（accommodation），平衡（balance）の4概念が大切である。単純化していえば，スキマータはその人の持つ概念である。アシミレイションとアコモデイションは環境を認知する際の，質的に異なる2つの作用を指している。すなわち，アシミレイションは，知覚した外界の刺戟をその人がすでに持っているスキマータにあてはめてとり入れる作用（類似性の認識），アコモデイションはスキマータを改変するか，あるいは新しいスキマータを創ることによりとり入れる作用（相異点の認識），そして平衡はアシミレイションとアコモデイションの間のバランスであり，一方に極端にかたよれば脱平衡が起ったという。人間の認知の適応は一生を通じて，対象に向うアシミレイションから始まり，それが限界に達したところでアコモデイションに変る。その後この両作用は平衡状態に対するが，弾力的な平衡は発達しつつあるこどもが環境と効果的な交流をするのに必要である。

　人間の発達に伴って，質的に異なる認知機能が段階的に発展する。すなわち感覚・運動期（生後0から2歳まで。単なる反射活動から表象・象徴作用が優勢になるまで），前操作期（2から7歳まで。思考は真に表象機能を発揮し，一連の行動を頭の中で思い浮べることができる），具体的操作期（7-11歳まで。思考は知覚の直接の影響から自由となり，具体的な問題を論理的に解決できる），公式的操作期（11-15歳まで。スキマータは質的に最大に達する。仮定に基づく問題を論理的に解決できる）である。これらの各段階を通じて，アシミレイションとアコモデイションの適応法の一方から他方へと，柔軟でしかも平衡を保った選択が行われ，認知の適応が達成されて行く。ここで次のことを強調しておこう。それは段階的な認知発達は蓄積する発達であり，後期の段階に達したからといって初期の段階の認知法が捨て去られるわけではないということである。

　以上の説明を例を用いて明示してみよう。ワズワースは言葉を習いつつある幼児の例をあげる。こどもが「イヌ」という概念を得たとする。こどもが次に牛を見たとすると，彼は牛をも「イヌ」という。これはアシミレイションの作用であり，彼の思考は犬と牛の類似性に集中され，牛も「イヌ」の概念に組みこまれてしまう。こどもがもう少し成長すると，牛と犬の相異点がはっきりと

認知され，牛は「ウシ」という新しい概念の中に入れられる。これがアコモデイションの作用である。

　前述したようにこの2つの適応法は，その人の認知発達段階のいかんにかかわらず用いられる。高い抽象能力をもった人の例が，最近出版された山本の『リーガルマインドへの挑戦』[45]の中に書かれてある。これは法学の基礎教育を受けなかった中年の著者が，すでに獲得したあらゆる概念を動員して，法学的考え方を身につけようとした，司法試験受験体験記録である。しかし，その精密な認識分析の故に，心理学的資料を多く提供している。この書物の中で著者は法学的思考法に，幾何学・物理学との類比によって接近したり（公式的操作），分らない所は事例を研究したり（具体的操作），さらに小説に描かれた法律をめぐる人々の中に自分をあてはめてみたり（前操作）することを記している。ここまではアシミレイションが有効に用いられている。しかし著者は，法律の考えが身につく（というアコモデイションが達成される）ためには，法律運営の実際訓練を受けることが不可欠だと結論している。この場合のアコモデイションは，正に感覚・運動期の経験を経て初めて可能になるのである。山本がいわば素人の文化から専門家の文化に移住する際に，詳細に分析・記録した認知の適応の変遷は，移民が異国文化に適応する過程の解明に，多くの示唆を与えるように思われる。

　右の例で明らかなように，新しい対象に直面した時の認知適応法は，アシミレイションの相対的優勢化である。新しい情況に接したとき，できるだけ似た過去の情況を思いおこし，その時に用いたやり方でその場を扱おうとすることは，各人がよく経験することに違いない。いいかえれば，新しい対象が本質的には「なじみ」があるという想定のもとで作用する認知法がアシミレイションである（これに対してアコモデイションは，新しい対象には「なじみ」がないという自覚に基づく認知作用といえよう）。

　アシミレイションとアコモデイションのバランスは，認知面だけでなく，人間全体の環境との関係の中でもあてはまることである。

　人が異国とその文化に接した時，空気・水・食物の違いから始まり，風景・人の姿・言葉・挨拶・風習などすべてが新しいことを認知する。具体的事象が新しく，それらがどういう意味関連を持っているか皆目見当がつかない。した

がって仮説をたててその上で論理的思考をしたり（公式的操作）することはもちろん，具体的な次元での論理思考（具体的操作）さえも，現実に適応するためには役立たないことを思い知らされる。論理思考が不完全になるので経験の統一が失われ，よい体験もわるい体験もそれぞれの強い情緒を伴って別々に経験され，互に影響，緩和し合うことがない。そして彼は前操作期（2-7歳）や感覚・運動期（0-2歳）の認知を相対的に多く用いて適応をはからざるを得ない。これらの時期の認知法は，反射的行動，象徴の影響，感覚依存の度合いなどが強く，ある状態の変形作用を系統的に追うことや，操作を遂行することが不可能で，自己中心性が強いなどの特徴をもつ。同時に自分のすでに持っているスキマータに外界の現象をあてはめようとするアシミレイションが強まっているので，自己流の認知が優勢になる。それがまた現実検討識を著しく弱めることになる。ここに記していることは，まさに精神病の認知のしかたに他ならない。換言すれば，一次過程の精神作用が活発になり，幻覚・妄想・強烈な情緒などが主役を演ずることになる。ちなみに二次過程思考を内的現実と外的現実の両者をとりもつという意味で，一種の移行現象と考えると，異国文化に入ることによってもたらされる思考の質的変化は，移行対象喪失経験の一部として摑まえることもできる。さらにここに述べた精神病的認知が弱まるのは，次のような場合においてである。すなわち，移民の急性妄想障害の項で記したように，精神病的認知をもたらした異国文化が母国文化にとり代えられるか，あるいは，外界の現実が「なじみ」のない現実であることを自覚し，その自覚に基づくアコモデイション作用がおこって，外界が現実的に新しく統一されて認識されるようになるかの場合である。この後者の場合の例は，次項で述べる言語の適応において明示される。

　異国文化の中にあって文化葛藤を経験し，不幸にして病気になった人も，幸いにして病気にならなかった人も，ともに異国の文化にそれぞれのしかたで適応して行く。その適応の全過程は多少なりとも人格の再編成を伴い長くかかるが，ガルザ[46]-ゲレロがいうように，その成否は言語体系の再編成が成功するかどうかにかかっている。

Ⅶ. 言語の適応と人格の適応

　認識面での文化葛藤がもっとも顕著にみられるのは，言語の適応に関してであろう。この問題を，前項にひき続き認識発生のモデルを用いて考察してみよう。

　異国文化の中に置かれることにより，認識の適応の第一歩として，アシミレイションとアコモデイションの脱平衡がおこることはすでに述べた。言語によるコミュニケイションに関しては，幼児の場合，アコモデイションの働きが圧倒的に優勢になり，古い言語体系に基づくアシミレイションは停止してしまうようである。大人の場合，最初は新しい言語体系を古いそれにあてはめて使うので，翻訳作用というアシミレイションがおこり，アコモデイションはほとんどおこっていない。しかしこの段階に止まるかぎり，有効なコミュニケイションは不可能である。結局はアコモデイションによる新言語体系という新しいスキマータを形成しない限り，移民は新文化との葛藤を避けて孤独な生活を送るか，もっぱら非言語的コミュニケイションに頼って発生初期（感覚・運動期，前操作期，具体的操作期）の思考しか使えないということになる。それまで有効だった言語使用による昇華の道が閉され（例えば討論は攻撃心を建設的に利用する昇華の方法），欲求不満が増し，発達的に原始的な情緒（感情の向けられる対象のあまりはっきりしない激しい情緒）が活発化し，抑うつ，妄想発生の素地になる。とにかくも，アコモデイションの相対的活発化は，移民という異常な環境変化への積極的，健康な対応といえるのである。

　アコモデイションが活発化すると，認識体系全体に著しい再編成がおこることは前述した。新しい言語スキマータ形成へ圧倒的にエネルギーを注入するため，古い言語スキマータの機能が著しく衰え，母国語でのコミュニケイションの能力が低下する。言語を媒介とする思考もまた従来の柔軟な創造的機能を失う。この時期に多くの移民が，「自分は馬鹿になったようだ。」と表現する。例えばある中年の作家は，移民後数年間，母国語でさえ作品を書けなくなり，別の中年の画家は模写しかできなくなった。また言語概念に著しく依存する記憶機能も妨げられる。アコモデイションの作用が急激に活発になるこどもの場合に，それが顕著にみられる。7歳の時，トルコからアメリカに渡ってきた25

歳の男は，トルコ語をすっかり忘れ，しかも7歳以前のトルコでの生活をまったく思い出せなかった。彼はある時，トルコの故郷を訪れる機会があったが，昔ながらの生家，故郷の町，隣近所の人々に会っても，記憶は戻ってこなかった。

　アコモデイション作用が優勢な時期の間にも，新言語スキマータを用いて，アシミレイションが並行して徐々におこっている。例えば新言語による描写力の上昇（前操作期レベル），新文化の様々な現象の具体的因果関係を言葉に表現できる（具体的操作期レベル）などである。しかし公式的操作期レベルの思考，すなわち仮定に基づく論理的思考，したがって創造的思考を新言語スキマータの中で行えるようになるのは，移民後少なくとも数年経ってからのようである。こうなって初めて，移民は新文化に創造的に参加できるようになったといえる。アメリカに移住したある中年の日本人心理学者は，5年位経って初めてアメリカ人たちとのグループ討論に参加できるようになった。グループの中では認知上多様の言語インプットがあるので，新言語スキマータが確立し，それに基づく理解すなわちアシミレイションが行われないかぎり，認識は混乱し，討論によってグループに創造的に参加するなどとてもおぼつかないのである。以上の観察は，海外日本人子女の育った言語環境と，彼らの思考の型（日本型か西欧型か）の関係を研究した角田の報告と共通点が多い[47]。

　こうしてようやく確立し，それ自体創造的に成長する能力（公式的操作レベルでのアシミレイション）を獲得した新言語体系のスキマータと，眠らされていた古い言語スキマータとの間に相剋が始まることになる。ほとんどアコモデイションに費やされていたエネルギーが，再びアシミレイションに使えるようになると，古いスキマータに基づくか，新しいスキマータに基づくかの選択が，精神内界で争われるようになる。前述の心理学者は，新旧両言語体系を自由に使えるようになったにもかかわらず，一方から他方へと言葉を転換する際に概念や記憶の混乱を経験するようになった。さらに数年を経過すると，新旧両スキマータの公式的操作レベルでのアシミレイションが同時に行われるようになり，両者間の転換も自由にできるようになる。この時初めて，一段と高次レベルでのアコモデイション，すなわち新旧を真に統合したスキマータが形成されたといえるのである。

認識機能のアシミレイションの一時停止，アコモデイションの優勢化，新旧スキマータの競合，両者の統合という一連の経過は，新旧文化の葛藤を経験する人格が経験する，対象関係と同一性の一連の変遷と関係しているように思われる。日本人のアメリカへの移住を例とすれば，アメリカ文化を内的に拒絶し，むしろより日本人的になる時期，アメリカ文化をとり入れ，アメリカ人のようにしゃべり振舞う時期，自分がどちらの文化に属するか分らなくなる時期，そして最後に，自分は新旧文化の本質的に共通な基盤に立つ一個の人間であるという自覚の強まる時期という変遷と並行しているように考えられるのである。

Ⅷ. まとめ

　母国の文化から異国の文化に移住した時，人は自らの中に文化葛藤を経験し，さまざまな種類・程度の心的障害を生む。その中で，急性妄想障害は，文化の影響が発生と治癒に直接関係していることが明らかなので，精神病状態を精神力動的観点から考察する際に重要な研究対象である。

　では文化がこのように深刻な影響をもつのはどうしてなのか。筆者は情緒・認知発達の知見をモデルに用いて，この設問に接近を試みた。

　母国文化を情緒発達的観点から考察すると，赤ん坊が「再認」をもっとも深く確実に経験する，移行対象・移行現象が発展・延長した役割を担っていることがわかる。この再認作用は人の自信を支える心的エネルギーを供給する。母国の文化を離れ，異国の文化に接した時のいわゆるカルチュア・ショックは，移行対象を無くしたことに気づいた幼児の反応と本質的に同じであり，人は急激な自我崩壊に類する経験をする。一方異国の文化に接する時，人は無意識に抱く再認期待がくりかえし裏切られるのを経験する。その度に，自我境界に貯えられた心的エネルギーが消耗され，現実認識の障害，被害的妄想が生じると考えられる。

　文化葛藤に，認識面からも接近することができる。なじみのない文化環境の中で，人は発達的に早期の認知方法に多く頼らざるを得なくなる。そしてその段階に伴う認知のしかたは多くの点で精神病的認知のそれに共通している。

　最後に，人が異国の中で新しい言語体系を身につけて行く過程を，認知作用

の力動的な変化,発達という観点から考察し,それが文化葛藤を建設的に乗り切り,新しい人格統合を創造して行く過程と並行していることを論じた。

文　献

1) 高橋哲郎 (1977) 比較文化的観点から――アメリカ‐日本での診察経験との比較．精神医学 19(2):1305-1310.
2) Takahashi, T. (1980) Adolescent Symbiotic Psychopathology—A Cultural Comparison of American and Japanese Patterns and Resolutions. Bulletin of the Menninger Clinic 44(3):272-288.
3) Takahashi, T. (1981) Projective Identification, the Key to the Impact of Cultural Context on the Development of Psychopathology. A revision of the paper presented on the panel of Psychopathology and Treatment of the Borderline Adolescent at the 58th annual meeting of the American Orthopsychiatric Association held in New York on March, 1981.
4) 土居健郎 (1971) 甘えの構造．弘文堂．
5) 深田祐介 (1976) 西洋交際始末．文藝春秋．
6) 春名徹 (1979) にっぽん音吉漂流記．晶文社, 1979.
7) Runney, M.H. (1850) On Insane Foreigners. American Journal of Insanity 7:53-63.
8) Ödegaard, Ö. (1932) Emigration and Insanity: A Study of Mental Disease among the Norwegianborn Population of Minnesota. Acta Psychiatrica et Neurologica, Supplementum IV. Levin and Munsgaards Publishers, Copenhagen.
9) Rosenthal, D. et al. (1974) Migration, Heredity, and Schizophrenia. Psychiatry 37(4): 321-339.
10) Hussein, M.F., Gomersall, J. D. (1978) Affective Disorder in Asian Immigrants. Psychiatria Clinica 11(2):87-89.
11) Hafner, H., Moschel, G., Ozk, M. (1977) Psychological Disturbances in Turkish Guestworkers in Germany: A Prospective Epidemiological Study of Reactions to Immigration and Partial Adaptation. Nervenarzt 48(5):268-275.
12) de Barros-Ferreira, M. (1976) Hysteria and Psychosomatic Disorders in Portuguese Immigrants. Acta Psychiatrica Belgica 76(4):551-78.
13) Mailer, O. (1966) Suicide and Migration. Israel Annals of Psychiatry and Related Disciplines 4(1):67-77.
14) Huang, K., Pilisuk, M. (1977) At the threshold of the Golden Gate: special problems of a neglected Minority. American Journal of Orthopsychiatry 47(4):701-13.
15) Burke, A.W. (1978) Attempted Suicide among Commonwealth Immigrants in Birmingham. International Journal of Social Psychiatry 24(1):7-11.
16) Burke, A.W. (1980) Family Stress and the Precipitation of Psychiatric Disorder. A Comparative Study among Immigrant West Indian and Native British Patients in Birmingham," Int. J. of Soc. Psychiatry 26(1):35-40.
17) American Psychiatric Association (1980) Diagnostic and Statistical Manual of

Mental Disorders (Third Edition) —DSM-III.
18) Allers, R. (1920) Über psychogene Störungen in sprachfremder Umgebung. (Der Verfolgungswahn der sprachlich Isolierten.) Zeitschrift für die gesamte Neurologie und Psychiatrie 60:281-289.
19) Frost, I. (1938) Home-sickness and Immigrant Psychoses. Austrian and German Domestic Servants the Basis of Study. Journal of Mental Science 84:801-847.
20) Kino, F.F. (1951) Alien's Paranoid Reaction. J. of Mental Sc. 97:589-594.
21) Kraus, J. (1969) The Relationship of Psychiatric Disorders, Hospital Admission Rates, and Size and Age Structure of Immigrant Groups. Medical Journal of Australia 2(2):91-95.
22) Littlewood, R., Lipsedge, M. (1978) Migration, Ethnicity and Diagnosis. Psychiatria clinica 11:15-22.
23) 島崎敏樹, 高橋良 (1967) 海外留学生の精神医学的問題 (その1およびその2). 精神医学 9(8):564-571 および 9(9):669-973.
24) Kumasaka, Y., Saito, H. (1970) Kachigumi: A Collective Delusion among the Japanese and their Descendants in Brazil. Canadian Psychiatric Association Journal 15(2):167-175.
25) Prange, A.J.Jr. (1958) An Interpretation of Cultural Isolation and Alien's Paranoid Reaction. Int. J. of Soc. Psychiatry 4(1):254-263.
26) Ogura, K. (1966) Foreign Doctors in the United States. Mental Hygiene 50(3):446-451.
27) Garza-Guerrero, A.C. (1974) Culture Shock: Its Mourning and Vicissitudes of Identity. Journal of American Psycho-Analytic Association 22(2):408-429.
28) Walfenstein, M. (1966) How Is Mourning Possible? The Psychoanalic Study of the Child 21:93-123.
29) Winnicott, D.W. (1958) Transitional Objects and Transitional Phenomena. In: Collected Papers. London, 1958, pp.229-242.
30) Davis, M., Wallbridge, D. (1981) Boundary and Space, An Introduction to the Work of D. W. Winnicott. New York.
31) Winnicott, D.W. (1966) The Location of Cultural Experience. International Journal of Psycho-Analysis 48:368-372.
32) Rinsley, D. (1982) Borderline and Other Self Disorders. New York.
33) Segal, H. (1973) Introduction to the Work of Melanie Klein, London. (岩崎徹也訳: メラニー・クライン入門. 岩崎学術出版社, 1977.)
34) 島崎敏樹, 高橋良, 前掲書。
35) Piaget, J. (1954) The Construction of Reality in the Child (translated by Cook, M.). New York.
36) Benjamin, J.D. (1961) The Innate and the Experiential in Child Development. In: Brosin, H. ed. Lectures on Experimental Psychiatry. Pittsburgh, pp.19-42.
37) Spitz, R.A. (1965) The First Year of Life, A Psychoanalytic Study of Normal and

Deviant Development of Object Relations. New York.
38) Kohut, H. (1977) The Restoration of the Self. New York.
39) Erikson, E.H. (1964) Identity and Uprootedness in Our Time. In: Insight and Responsibility. New York.
40) 土居健郎 (1981) 分裂病における分裂の意味. 分裂病の精神病理. 東京大学出版会, pp.1-21.
41) Rinsley, D., op. cit., pp.4-10.
42) Takahashi, T., Projective Identification. op. cit.
43) Piaget, J. (1976) Piaget's Theory. In: Piaget and His School. Inhelder, B., Chipman, H.H. ed. A Reader in Developmental Psychology. New York, pp.11-23.
44) Wadsworth, B.J. (1971) Piaget's theory of cognitive development. An Introduction for Students of Psychology and Education. New York.
45) 山本満雄 (1982) リーガルマインドへの挑戦. 有斐閣.
46) Garza-Guerrero, A. C., op. cit.
47) 角田忠信 (1982) 幼児外国語教育への疑問. ボイス 1982 年 4 月号, 248-257.

2. カルチュア・ショック概念の治療的応用
——治療導入期における入院集団精神療法

丸岡　隆之

I. はじめに

　精神病を発症し，精神科病院に入院する際の心的負担の大きさは，未だ発病を経験していない我々の多くにとっても，容易には実感できないまでも，考えるにたやすいだろう。西園[16]は，精神病を発病するということがあまりに衝撃的であるが故に生じる疾病否認から患者を回復させ，埋もれていた健康な部分を回復させてゆくことを「癒すこと」という概念で語り，そのための精神療法が重要であると述べている。坂口[24]は，精神障害者は病気であることと同時に病気になったことによる苦しみを持つとし，社会復帰の過程は病気と障害の受容のプロセスにほかならないと述べている。我々精神科医療従事者は，症状のみならず，このような心理状態に常に配慮しながら臨床に従事すべきであるが，しかしながら，この部分に具体的な焦点をあてた論文は，我が国において多くはない。

　本論では，久留米大学病院精神科病棟（以下，当科病棟）に入院となった一症例を提示し，「新しい文化環境に対する個人の心理学的反応」[18]と定義されるカルチュア・ショック概念を応用しながら，患者の入院治療への導入と疾病受容の過程について考察を加える。そしてその後に，カルチュア・ショックに伴う精神症状の多様性についての試論を述べる。なお症例は，プライバシーを考慮し内容を損ねない程度に修正している。

II. 当科病棟で行われている入院集団療法の意義と概要

久留米大学病院は，総1800病床余りを擁する福岡県中西部筑後地区の中核的な総合病院である。その中にある当科病棟（60病床）は，平成12年7月に急性期治療病棟認可[13)14)]後，平成13年6月より各種集団療法を導入している。

さて，初回入院者が60％を超える当科において考慮したいことのひとつは，今後長きにわたり精神科医療にかかわらねばならないであろう患者にとっての，治療の導入部を担っているということである。この治療のとば口において，患者に衝撃を与えてしまうことも少なくなく，そのような心的外傷を緩和させ，疾病や障害の受容を如何にして図るかの工夫が，急性期病棟では常に求められるのである。当科病棟における集団療法は，以上のような急性期治療病棟の，3カ月の入院期間という現実的な枠組みを可能な限り遵守し，かつ治療上有効に機能することを目指して導入された。

図1，図2は，現在当科病棟で行っている集団療法である。それぞれの情報は，毎週病棟スタッフ全員が参加する，全体スタッフミーティングによって，連続性を維持している。新入院患者ミーティング[15)]（Compass Meeting：以下COM）は，入院4週間以内の患者が対象となる。病棟オリエンテーションを目的とするものの，そこでは精神科病院への入院に伴う様々な心情を伴ったやりとりが繰り広げられる。心理教育ミーティング（Psychoeducational Meeting：以下PEM）は，精神病圏とうつ病圏を対象に，入院2カ月目から8回のシリーズで行っている，疾患に対する情報とその対処法を学ぶグループワークである。退院準備グループ（Self Monitoring Meeting：以下SEM）は，入院3カ月目から週1回，計4回行う。SSTをモデルとし，退院の準備として，再燃の前兆と自己対処法を探索する場である。COM（1カ月目）→PEM（2カ月目）→SEM（3カ月目）とした目論見のひとつは，急性期治療病棟の現実的な条件（3カ月間の入院）を，できる限り治療上有効にクリアすることである（実際は個人に応じて相当柔軟に対応しているが）。デイケアリエゾンは，デイケアスタッフが毎週病棟を訪問し，デイケアとの不連続性に対処する。患者・スタッフミーティング（Patient-Staff Meeting）は，病棟内での患者の行動化（性的行為や暴力，盗難等）に対処するために適宜行う患者同席のスタッフ

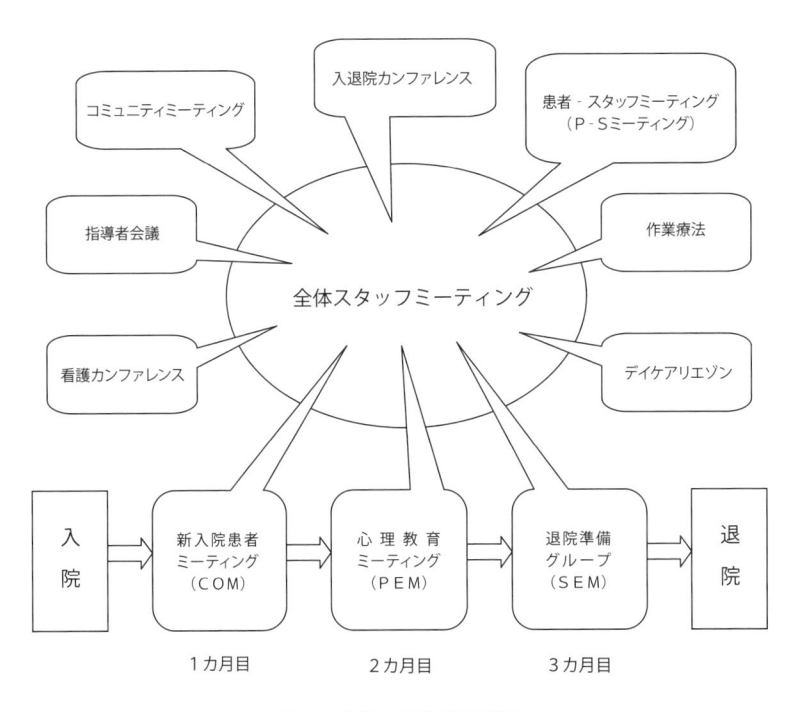

2. カルチュア・ショック概念の治療的応用　29

図1 当科の入院集団療法

	午前	午後
月	作業療法	退院準備グループ（SEM） 新入院患者ミーティング（COM）
火	退院カンファレンス 全体スタッフミーティング デイケアリエゾン	心理教育ミーティング（PEM） 作業療法
水	作業療法	心理教育ミーティング（PEM） 作業療法
木	作業療法	作業療法
金	入院カンファレンス 指導者会議	コミュニティミーティング 作業療法

図2 当科の入院集団療法週間スケジュール

ミーティングである。入退院カンファレンスは，主治医からの報告であり，医師，ソーシャルワーカー，作業療法士，臨床心理士を交え，週2回行っている。コミュニティミーティングは，入院患者全員を対象とし，毎週行うが，棟内での問題（性的行為，暴力，盗難等）が発生した時に臨時に開催することもある。指導者会議では，病棟医長，副病棟医長，各主治医指導医，看護師長，ソーシャルワーカーの間で，3カ月を超える患者の状況や今後の指針をテーマとした会議である。看護カンファレンスは看護を中心に毎朝，事例検討と看護計画を話し合う。

Ⅲ．カルチュア・ショック概念の概観

　カルチュア・ショックは，ビールス（Beals, R.L.）らによって1957年に初めて使用され，文化人類学者のオバーグ[9)18)]によって普及した言葉である。オバーグによれば，カルチュア・ショックとは，新しい文化環境に対する個人の心理学的反応とされている。オバーグは，その心理学的反応の過程を4期に分けたモデルを提起した。第1期は「孵化期」と呼ばれ，異文化に魅了される時期である。第2期「移行期」では，異文化への嫌悪と故国への望郷にかられるが，第3期「学習期」になると異文化を学習し，取り入れようとしだし，第4期「受容期」になると，異文化の習慣や言語を理解し受け入れるようになるというものである。しかしながら，その後，アドラー[2)]の5つの位相のモデルをはじめとする多くの理論やモデルがそれぞれの研究者によって提示され，未だ明確に統一された定義はなされていない。このようないくつかのカルチュア・ショック論は，おおまかには，異文化を経験したときの衝撃という現象を記述したものと，異文化へ適応するまでの心的過程を記述したものの2種がある。

　これまでに提唱されたカルチュア・ショックの理論やモデルは，そのほとんどが文化人類学あるいはコミュニケーション学の範疇で論じられることが多い。そのような中で，ハフシ[10)]は，「新しい文化への適応過程は，新しいライフサイクルを始めることと同様である。その過程は誕生で始まり，また短縮された形で発達的な諸段階を経る」（Kim 1976）という理解のもと，対象関係論を応用しながら異文化への適応過程の精神力動的な理解を試みている。アウト

サイダー・シンドローム（Outsider's Syndrome：以下，OSモデル）と命名されたこのモデルでは，異文化に遭遇した初期に生じる「妄想分裂段階（妄想分裂態勢）」を，「取り込みのフェーズ」と「拒絶的フェーズ」に，次の「抑うつ段階（抑うつ態勢）」を「前抑うつ的フェーズ」と「抑うつ的フェーズ」に分類し，それぞれをオバーグのモデルに対応させている。また，高橋[26]は，文化を発達の観点から精神分析的に理解した上で，「発達早期の体験に根ざしているからこそ，総体としての文化の影響力は，人格の深層にそして強力に働く」のだとし，異文化に遭遇した個人に生じる急性妄想性障害の精神力動について論じている。

さて，このようにカルチュア・ショック概念は未だ明確に定義されておらず，その近隣の概念も多く散見される。例えば，国際関係論の研究者である衛藤[1, 7]によって，社会現象としての「文化摩擦（culture conflict）」概念が提起された。精神医学領域においても，「多文化間精神医学」「比較精神医学」「精神医学的人類学」「民族精神医学」「比較精神病理学」「精神医学的社会学」「文化精神医学」「異文化間精神医学」などの呼称が存在する[25]。これらの精神医学は，異なった文化で発生する精神病理を主な研究領域とするが，そこから派生する精神症状やその危険因子は，対象年齢や性別，民族的背景・言語，教育，移住時や移住後の条件などによって左右[17]され，出現する精神症状や病態は，ある程度の傾向がある。例えば，太田[22]は，パリでの生活を機にした邦人の精神的トラブルを「パリ症候群」と名付け，その症状を三局面（不安緊張を伴う自律神経失調状態，抑うつ状態，被害関係妄想状態）に大別している。大西[19]は，日本に住む一種の言語遮断状況におかれた外国人患者の特殊性のひとつとして，転換ヒステリーや心身症などの身体症状を呈することを述べている。和田[27]は，自身の海外生活によって統合失調症と類似した症状を体験したことを報告している。秋山ら[3]は，海外渡航者に発生する精神病理を対象にした「異文化間精神医学」を展望し，旅行者群，一時滞在者群，難民群，一般移民群それぞれの病態を小括したが，病像としては多くは概ね特異的ではないとしている。野田[17]によると，多文化間ストレスにおいては，ありとあらゆる精神障害が扱われるとしている。

そこで，精神科病院への入院について，以上と同じようなカルチュア・ショ

ック領域の概念で語ることは可能であろうか。林宗義[23]は，精神科病院へ入院する際の精神的衝撃を，(1)孤独・恐怖・不安，(2)家族や友人に見捨てられた，あるいは自己の意志に反して自由を束縛されたということに対する怒り，(3)精神病の烙印を押されることによる絶望感，(4)現実感の稀薄化，と4大別している。またカミングら[4]は，初めて体験する精神科入院における不安・混乱と異国への移民者のそれとの類似性を示唆し，治療共同体的入院環境の整備の重要性について指摘している。堀川ら[12)15)]は，我が国において，精神科病院への入院に伴う心理的負担への治療的配慮の欠落を指摘し，力動的チーム医療による入院治療の工夫について言及している。以上のように，精神科病院への入院自体へのスティグマや，収容の歴史の未だ残る少なからぬ病院の入院環境を考慮すると，病院内と外とでは文化の差は歴然としていると言わざるをえないだろう。当科での臨床経験においても，カルチュア・ショック概念でとらえうる精神力動を観察している。

Ⅳ. 当科入院治療の一例

［症例］A子　33歳　主婦　配偶者間暴力被害者（domestic violence：以下DV）

診断：心的外傷後ストレス障害（posttraumatic stress disorder：以下PTSD），軽躁状態

1）入院に至る経過

会社経営者の父と専業主婦の母のもと，2人姉妹の第2子として出生した。父は飲酒しては母に暴力をふるったが，A子が中学生の時に会社の倒産を機に行方不明となった。A子は大学卒業後に，就職先で知り合った酒や暴力とは一見無縁な男性に交際を申し込まれ，23歳の時に妊娠したことを契機に結婚した。A子は結婚前には特段の精神医学的問題は認められなかったが，もともと性交渉に嫌悪感を持っており，幾度も拒絶された夫は豹変し，A子に殴る蹴るの暴力をふるいだした。まもなくA子は別居し，離婚調停を進め，無事離婚は成立したが，夫からの暴力場面を頻繁に想起する，あるいは夜になると小さ

な音でも驚愕するといった覚醒亢進症状などのPTSDによる症状が強く残存した。そのため，31歳の時に当科受診し，治療が開始された。しかし，同居していた母親との頻繁な衝突や，育児によるイライラ感と，多弁・多動などの軽躁状態が強く出現しはじめたため，33歳時に入院となった。

2) 入院経過

　入院早々に「今までは一睡もできなかったが，入院してすぐに眠れるようになった。病院ってすごいですね」と大げさに主治医を褒めそやした。しかしながら入院数日後，病棟内での盗難事件を機に態度を豹変させた。盗難を課題に開かれた臨時のコミュニティーミーティングの中でA子は，「警察を呼べ」「事件をもみ消すな」とスタッフを非難した。A子に煽動された形で他患も動き，警官の来棟を要請することとなったが，A子は指紋をとらないのは職務怠慢だなどと警察官をも罵倒し，学生時代に寮で起こった盗難事件を，自分が先頭にたって解決したことを誇示した。

　そのような病棟の状況の中で，COMが開催された。当初A子は，総合失調症のB男が，病棟内で若い女性他患の足に触れたことにも激怒し，「被害者」である女性他患を自分のそばに守るようにして座らせた。スタッフから自分のことでもないのに何故そこまで怒るのかという投げかけに，「スタッフを信用できないから私が守るしかない」と言い，B男を「でぶで臭くて別れた夫に似ている」と罵倒した。また，「自分をうつにさせる」と処方薬を拒否しだした。

　スタッフの間では，性的被害女性も入院している病棟の中での，B男の脱抑制的な態度への治療的対応の遅さを指摘する者と，A子のあまりに攻撃的な態度を嫌悪する者が現れ，スタッフ集団は一時分裂しかけたものの，全体スタッフミーティングで病棟スタッフ全員に伝達され，周囲を分裂させてしまうA子の病理について話し合われた。

　A子の態度を当初は頼もしく思っていた他の患者たちも，保護室から出たB男に「檻に帰れ！」などと激しく攻撃するA子の姿を目撃するにつれ距離をとりだし，A子は孤立しはじめた。最後のCOM（4週間目）では，A子の「このミーティングは意味がない」との発言に，かつてA子がB男から守っていたつもりになっていた女性他患までもが「私は意味があると思う」と反駁しだし

た。

　A子の問題行動に対して，主治医を中心とした患者-スタッフミーティングが開催された。その中でA子は，いつもは可愛くてたまらない我が子に，周囲から羽交い絞めにされるまで虐待を止めなかったことを告白し，「他人を攻撃していること自体が調子の悪いサイン」ではないかと考えを巡らせた。その後，抑うつ状態へ移行したが，「躁の時はすごく気持ちよかったけど戻っちゃだめだと思う」という発言を認めた。

　PEMを導入後，講義された症状が自分によく当てはまることに驚き，姉に相談したところ，反省できているところがよくなってきた証拠だと励まされた。その後，PEMで薬の重要性を学習したことを機に，拒否的であった服薬を遵守する決心を語り，退院直前の作業療法でのカラオケでは，B男の熱唱の後，拍手をする姿が見受けられた。そして，母と姉にも心理教育が行われた後，今後の子育ての援助を取り付けた上，退院となった。

V. 症例の考察——当科の治療構造に対するカルチュア・ショック概念の応用

　症例A子を一例として，オバーグのカルチュア・ショックモデルに則して，当科入院治療経過での精神力動的な考察を試みたい。

1) 孵化期

　新しい生活環境へ魅了される時期である。精神科入院患者においても同様の心情に基づく言動を観察することがある。例えばA子は，入院早々に一時的に症状が改善したために，入院環境を理想的・万能的な場所であるかのようにみなした。他の例では，C子（20歳，摂食障害）は，入院直後に過食や男性依存が一時的に収まった。そして，COMの中で「いじめが原因で病気になった。入院して友達ができたからすっかり治ってしまった」と語った。以上のような入院治療に対する万能的な期待は，しかしながらそれが大きなほど，ほどなくやって来る移行期の反転された敵意や失望感を惹起するものである。そのために当科では，新入院患者を対象としたCOMをはじめとする集団療法にてそれ

を支持や指摘,あるいは観察し,初期の治療的関わりを吟味してゆくのである。
　この時期の現象をOSモデルに従って精神力動的に語るならば,異文化(入院環境)に自己の「良い」部分を投影し(投影同一化),理想化し,迫害不安に対して万能的に否認しようとする。そして,自己の「悪い」部分は自文化(入院前の状態)に投影し,喪失の不安に対する躁的防衛を試みるものである。

2) 移行期

　この時期には,自分のとる言動が適切かどうかわからない状況となり,周囲との間に隔たりを感じ,無力感,欲求不満,怒りなどが生じる。カルチュア・ショックを「自分とは異なる文化と接触した時に経験する違和感を伴った精神的衝撃」という現象としてとらえた場合は,主にこの段階を指し示すのであろう。

　入院初期の多くの患者は,些細なスタッフの失策行為,つまり,病棟の鍵を開けるタイミングが遅れた,洗濯機の周囲がぬれている,氷枕をなかなか持ってこない等々をあげつらう。あるいはまるで自分が治療者そのものになったかのように,自分より弱そうな他患者の世話を引き受けようとする。OSモデルに従えば,この時期は異文化(入院環境)への拒絶や敵意を表出し,異文化の「良さ」を破壊し,自らが「良さ」の源泉になろうとする一方で,「良さ」の源泉となった自己(入院前の状態)を美化する結果,時に誇大的な傾向を帯びるようになるのである。A子の場合は,盗難事件を機に態度を反転させ,入院治療を価値のないものとみなし,その象徴であろう処方薬を拒否しだした。さらに「全く役に立たない」治療者に代わり,他の患者を守ろうとすることによって,弱い自己を誇大的に否認していった。また,前述したC子は間もなく,「自分の気持ちの全てをわかってくれない」とスタッフをこきおろし,早々の退院を要求するようになっていった。他の例では,D男(46歳,統合失調症)はCOMの中で「精神病院は"きちがい"を入院させる所だ。僕には全く意味がない」と語り,他患を凍りつかせ,沈黙を通し続けるという拒絶により自らの攻撃性を表出した。

　さて以上の段階は,ハフシによれば,よい条件の下で次の段階へ乗り越えることが可能となるという。しかしながら「よい条件」とは何かについての言及

はなされていない。

　ところで，入院環境の中で「よい条件」とはどのようなものであろうか。ビオン[6)7)]によれば，集団は心的機能上の原始的レベルに退行する傾向があり，精神病的不安を惹起させる。入院集団もその例外ではなく，患者はその中で原始的防衛機制を活発化させ，個々人のライフパターンとあいまって周囲に影響を与えてゆく。入院治療とは，そこに現れた患者の対人関係や行動パターンを周囲が把握し受け止めることによって問題の克服や自我の統合に向かうことを助けてゆく可能性をもつが，こうした体験を提供するためには，病棟がある程度，課題集団として機能している必要があり，この点において，当科病棟での構造化された治療プログラムは意味を持つ。

　A子の場合，男性患者の逸脱した行動は，暴力をふるう夫や子ども時代の家庭環境を彷彿とさせ，まるで自分自身やその家族を守るかのように，若い女性患者やひいては病棟そのものをも守ろうとした。A子の境界例的心性に基づく内的な分裂にさらされたスタッフもまた，一時対立し，分裂しかかったが，全体スタッフミーティングによって病棟全体で理解を共有することができた。そしてその統一された理解の下に，患者-スタッフミーティングが開催された。その中でA子は，子供らへの自らの虐待経験を告白し，その心情を支えられることによって，自らの反復された問題行動に目をやることが可能となったのである。

3) 学習期

　この時期は，異分化の基本的な側面を学習することによって，心理的バランスを取り戻す時期である。また，OSモデルから語ると，異文化を時には「良い」，時には「悪い」という同一の「全体対象」として認識できるようになる時期である。さらに，異文化を破壊した結果，それに捨てられるのではないかという不安の質が抑うつ的性格を帯びたものになる。この不安への防衛としては，「模擬の償い（mock reparation）」が用いられ，異文化に対しての依存性と両価性は否認される。さらには，自文化と異文化との往来が観察され，アイデンティティを混乱させながら，自文化の喪失（mourning）を嘆くことが可能となる。

入院集団療法の中では，PEMで知識を習得することによってこの時期の不安を乗り越えようとする者を観察できる。つまり，PEMとは自らの疾病を学習することにより日常の対処技術を習得するものであるが，この時期に参加する患者のいくらかは「真面目に参加することでスタッフと仲良くなれる（破壊された関係を修復できる）のではないか」という，PEMの本来の課題とは関係のない「償い的モチベーション」を見え隠れさせる。

4）受容期

　この時期に入ると，著しい不安を感じずに異文化を受け入れ，環境との接触をある程度楽しめるようになる。また，OSモデルによれば，自分の攻撃性によって「愛しかつ全面的に依存している」異文化を破壊したのではないかという，両価性に基づく抑うつ感情として体験される。さらには，異文化を再創造し「償いたい」願望が惹起され，それが成就されることによって，異文化へ真に適応し，統合されてゆくのである。

　この時期の入院患者に対して病棟スタッフは，治療関係が整ってきたと直感する。患者は病棟スタッフの些細な失策行為に対して，憎しみや怒りに打ちひしがれることがなく，それに耐えることができる。入院内あるいは外の環境に欲求不満を感じても，「良い」対象として保持できるようになる。さらに特徴的な言動は，かつての自分のようである，新しく入院してきた他患に対する共感と支援（償い）である。COMでは，新入院患者がスタッフを攻撃するさまに共感しつつ助言を与え，病棟オリエンテーションを施す場面が認められる。PEMでは疾病を自らの課題とする視点を持ち，SEMではやがて到来する退院という喪に耐えながら，症状悪化のサインとその対処を探索できるようになる。

　患者‐スタッフミーティング後のA子の姿は，あるいはまだ学習期であったのかもしれないが，構造化された治療環境の中で，一旦はB男との和解に至り，PEMでの学習によって拒絶していた服薬の遵守を決心するなど，自らの障害と向き合い，治療をひき受けることを約束して退院していった。その後も服薬を遵守し，外来通院を安定して継続している。

VI. 症例の考察における限界点

　さて，上述したようなカルチュア・ショック論を援用して本例について考察する前に，たとえば以下のような疑問が生ずるであろう。まず，カルチュア・ショック概念は，そもそも異文化への接触から生じる，同一性葛藤を引き起こす現象を示している。したがって，従来のカルチュア・ショック論では，異文化接触の長さがしばしば問題となるところであるが，原則3カ月間の入院体験という異文化接触期間によっても，本当にそのようなレベルの葛藤が引き起こされるのであろうか。またA子の治療初期においては，PTSDに併存して躁状態が出現しており，入院環境に対する「ショック」のみならず，症状のために入院治療の混乱がもたらされた可能性もあるだろう。当然のことながら薬物療法等の治療の直接的影響によって症状が改善し，後の学習期や受容期がもたらされた側面も否めない。しかしながら，A子がDVという深刻な心的外傷を負い，周囲の環境に対して過剰に反応しやすかったことを考えれば，あるいは退院した後，「私は入院していなければ破滅していた」などと入院治療を非常に肯定的に振り返っていることを考えれば，本例における様々な入院治療の試みは有効であったと考えるべきであろう。

VII. カルチュア・ショックと精神症状（図3）

　本論では，精神科病院への入院を機に，境界例心性が前面に出現した一症例を提示した。しかしながら，多くの入院患者を臨床現場で詳細に観察すると，表出する精神症状の内容や病態水準は，先述したごとく，実に様々である。現に，カルチュア・ショックは，WHOの国際疾病分類（ICD-10）では，適応障害（F43.2）の範疇となっており，不安や抑うつ，行為の障害など，複数の症状の出現や組み合わせによって下位分類が示されている。また，A子が境界例状態から抑うつ状態に移行したごとく，経過によって症状が変遷する例もある。それでは何故，様々な精神症状が出現し，時に変遷してゆくのか，その精神力動を，発達の観点から考察してみたい。
　高橋[26]は，文化環境の変化によって，精神病症状が出現する根拠について，

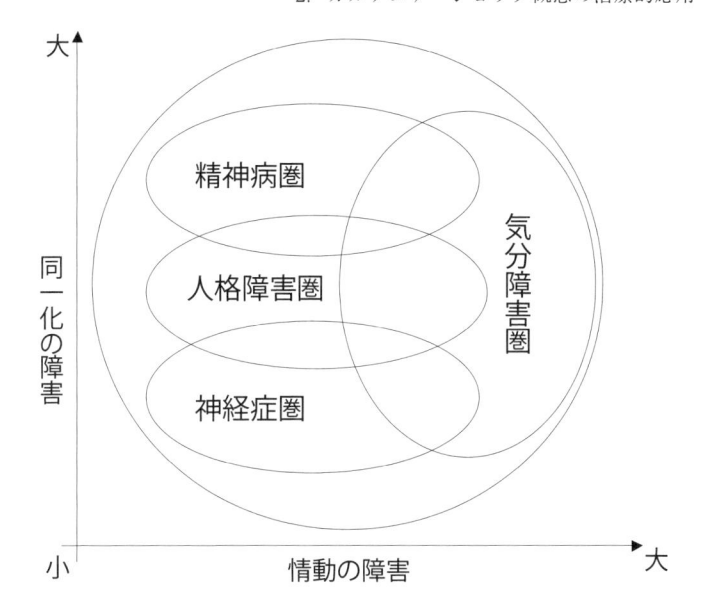

図3 「同一化の障害」からみたカルチュア・ショックの疾患連続性

自我境界の侵食という視点から述べている。自我境界は，自と他を区別する境界のことであり，発達論的には，最初期の自分ではない (not-me)，しかしながら自分の一部とみなされている，自と他の間に存する対象である，移行対象に源を発する。移行対象は，個人が成長するにつれ，馴染みの文化や慣習，遊びへと発展する，個人にとって，内的現実であると同時に外的現実でもあり，錯覚 (illusion) の現象に属する，創造的な領域である。以上のように，文化は発達早期の体験に根ざしているために，その影響力は，人格の深層に強力に働くのである。そして，文化葛藤によって精神病状態が発生する機制を，移民を例に，母国文化を喪失した体験と，異国文化に遭遇した体験の，2つの側面から論じている。

つまり，母国文化の喪失によって，移行対象を失った赤ん坊と同じく，口唇期特有の愛情剥脱の経験（妄想分裂ポジション）が生じ，外部の現実は被害的に経験されることになる。さらに，異国文化への遭遇によって，外部への無意識の期待が叶えられないという，再認を妨害される「根こぎ (uprooting)」の経験が生じるのである。以上のような，移行対象から発展した文化の急激な環

境的変化は,ひいては個人の自我境界が破壊されることに繋がり,精神病症状が出現する素地となるのである。

さて,以上を一言でいうことを試みるならば,文化環境(≒移行対象≒自我境界)の急変による精神症状の出現は,外界と明確に境界された「統一した自己」が維持できなくなった結果であると,理解できるであろう。とするならば,まず「統一した自己」の維持について考えてみると,その仕事は言うまでもなく防衛機制の究極的根拠である。個人は防衛機制を駆使しながら,自分を自分としてまとめようとしているのであるが,それでは,さらに今度は,「統一していない自己」をもつ障害について考えてみると,まずは統合失調症が思い出されるであろう。統合失調症は,ヤスパースが「二重見当識」と名づけ,ブロイラーが「心的過程において統一と秩序が欠けている」と記述したごとく,自己の統一障害は,本質的特徴のひとつである。

土居[4]は,統合失調症の病理を,人格の統一性の障害の観点からとらえ,人間の「人格統一の由来」を,同一性の側面から論じている。土居によれば,同一性は人格の統一を前提にした概念であり,そのために,同一性の由来を問うことによって,「人格統一の由来」を返答できるのである。そして,エリクソンの自我同一性(identity)の理論を前提に,個人は「幼児期の同一化(identification)の総計」によって「自我同一性として統合される」としている。つまり,「人格統一の由来」は同一化の機制にあるとする。また,「馴染む」という認知が,「同一性の意識にとっての標識となる」と述べ,「これまで馴染みのなかったものに馴染むようになる」という心理作用を,同一化に相当すると定義している。

とすれば,自己の統一障害を持つ,つまり元々同一化に欠陥を持っている統合失調症者は,「馴染んでいる世界に保護されぬまま,見知らぬ世界に晒されている」状態と理解できるのである。また,同じ観点から神経症者の状態を考えるならば,「内に馴染めぬものを秘めているにもかかわらず」「防衛の結果として,ともかく自分のおかれた世界に馴染んでいる」といえる。例えば,解離性同一性障害では,心的外傷体験という馴染めぬ体験を持ちながらも,人格を多重化させることによって,ともかくも自己を統一しようとしている状態なのだろう。トラウマ患者における「加害者への同一化」の概念を考えてみても,

自己の統一を維持するために，加害者という決して馴染めない対象に対して，なんとか馴染もうと努力した結果であると，考えられる。さらに，うつ病者は「馴染み深い世界を喪失したことで悩んでいる」のであり，精神病質者は「一見周囲に馴染むように見えるが，しかしそれは本物ではない」と，土居は述べるのである。そのように考えると，「同一化＝馴染む」というキーワードによって，各疾患が連続して理解でき，それならば「統一した自己」を脅かすカルチュア・ショックによって，個人に様々な精神症状が出現し，変遷するという状況が，仮定できるかもしれない。つまり，カルチュア・ショックに伴って出現する病態の異なる各疾患は，スペクトラムとして理解することが可能なのである。

Ⅷ. おわりに

異文化適応過程において，精神障害への危険が最も高いとされるのは，移住先の社会への低い同化と，母国への民族同一性の弱さで特徴付けられる異文化適応パターンを示す者たちであり，逆に，最も安全なのは移住先の社会への高い同化と，母国への民族同一性の強さで特徴付けられる適応パターンを示す者たちである[21]。それならば，異文化適応モデルに則して入院患者の体験をとらえた場合，そもそも同一性への脆弱さを抱える精神障害者が，今までの社会的環境から離れて，入院という新たな環境へ移行する際には，その入院環境から派生する医原性の症状が生じやすいと考えられる。そして，移住先（精神科病棟）への高い同化が，精神障害に対する「安全」をもたらすものであるならば，その医原性の症状を回避するための，入院導入期における介入の工夫，つまり先述したような集団療法の工夫によって，患者の同一性を損なわない治療環境を保証することが可能であると考える。

〈謝辞〉

この拙文によって，高橋哲郎先生への謝辞としたい。本論作成にあたり，思い出したことがあった。1996年のある日，日曜セミナーの案内の手紙が届いた。筆者は当時，精神分析についてほとんど知らず，「高橋哲郎」という名も初め

てだった。ただ、開催地である大阪に出向く機会が偶然にあったために、月1回、日曜日に5回シリーズで行われるこのセミナーに、機会のついでに参加してみようと、福岡から出向くことにしたのである。当時の日曜セミナーは、集団療法的な構造の中で、初心者向けに精神分析の基本を学ぶ会であり、第1回目「出会い」から第5回目「終結」まで、精神分析の縦断的なプロセスをテーマにしていたと記憶している。さて、約半年後の「終結」の帰りに、意識的には特に感慨もなく、伊丹空港の待合に座っていると、突然具合が変になってきた。言い表しにくいのであるが、自分か周囲かが急に変容しはじめたのである。このような感覚は、それまでに経験したことがあった。例えば、ルオーの版画「ミゼレーレ」の前に立った時などであり、その全ては芸術作品を体験した時であって、この体験によって作品の真偽を確認していた感覚であった。言い換えれば、当時の筆者にとって、世界を確認するための、唯一の感触であったといってもよい。この伊丹空港での体験は、現在まで筆者を、高橋哲郎の元へと足繁く通わせることなった。本論を作成する中、「自我境界」や「移行対象」について考えながら、以上のことを連想した。

　また、本論は、久留米大学病院精神科病棟でのチーム医療の実践を基にしており、筆者単独ではできなかった内容である。ここで、久留米大学精神神経科　前田久雄名誉教授、内村直尚教授、前田正治准教授をはじめとする医局員および、精神科病棟スタッフの皆様に感謝したい。また、当科集団療法は、のぞえ総合心療病院での力動的チーム医療を参考としており、これまで理事長・院長の堀川公平先生には一方ならぬご支援をいただいた。さらには、本論作成にあたり、白石潔先生に貴重な御助言をいただいた。これまで支えていただいた全ての方々に深謝したい。

　本論の症例および症例の考察は、丸岡隆之他「治療導入期における入院集団精神療法——急性期治療病棟での試み」『精神科治療学』19 (12); 1453-1460, 2004. から引用した。この論文は第一回精神科治療学賞「優秀賞」を受賞した。

文　献

1) 阿倍裕,宮本忠雄(1987)精神医学的見地からみた文化摩擦.臨床精神医学 16:1375-1382.
2) Adler, P.S. (1975) The Transitional experience: An alternative view of culture shock. J. Humanist. Psychol. 15(4):13-23.
3) 秋山剛(1995)異文化間精神医学の展望.臨床精神病理 16:305-319.
4) Cumming, J & Cumming, E. (1970) Ego & Milieu. Atheron Press, New York.
5) 土居健郎(1981)分裂病における分裂の意味.分裂病の精神病理 10.東京大学出版会,p.1-21.
6) 江畑敬介(1993)移住のインパクトと病態変遷.臨床精神医学 22(2):167-172.
7) 衛藤藩吉(1980)序論——文化摩擦とは？　日本をめぐる文化摩擦.弘文堂,p.1-45.
8) Ganzarain, R. (1989) Object Relations Group Psychotherapy. International Universities Press Inc., New York. (高橋哲郎監訳：対象関係集団精神療法.岩崎学術出版社,1996.)
9) Grinberg, L., Sor, D., Bianchedi, E.T. (1977) Introduction to the Work of Bion, Jason Aronson, New York. (高橋哲郎訳：ビオン入門.岩崎学術出版社,1982.)
10) Hafsi, M. (1995)アウトサイダー・シンドロム(Outsiders Syndrome)——カルチャーショックの体験の理解への対象関係モデル.精神分析研究 37(1):61-75.
11) 星野命(1980)概説カルチュア・ショック.星の命編,カルチャー・ショック(現代のエスプリ 161).至文堂,p.5-30.
12) 堀川公平(2009)のぞえ総合心療病院における救急病棟(医療)の現状と課題——福岡県のマクロ救急と当院のミクロ救急について：精神神経学雑誌 111(5):550-559.
13) 石田重信,恵紙英明,田中みとみ(2003)大学病院における精神科急性期治療病棟のインパクト.こころの臨床 a la carte 22(1):31-36.
14) 石田重信,田中みとみ,丸岡隆之ほか(2007)大学病院における急性期病棟をめぐる諸問題.前田久雄編,精神科急性期治療病棟——急性期からリハビリまで.星和書店,p.11-21.
15) 丸岡隆之,深井玲華,菊地義人ほか(1999)野添病院における新入院患者ミーティングの意義——2症例を中心に.日本集団精神療法学会誌 15:177-183.
16) 西園昌久(2000)精神障害リハビリテーションにおける包括的視点.蜂矢英彦,岡上和雄監修,精神障害リハビリテーション学.金剛出版,pp.64-69.
17) 野田文隆(1998)多様化する多文化間ストレス.臨床精神医学講座 第23巻 多文化間精神医学,p.19-31.
18) Oberg, K. (1960) Cultural Shock: Adjustment to New Cultural Environments. Practical Anthropology 7:177-182.
19) 大西守(1994)外国人精神障害者に対する対応マニュアル.imago 特集 文化摩擦.青土社,p.86-90.
20) 大塚公一郎,近藤州(2007)外国人労働者における精神障害——日系ブラジル人労働者にみられる職場の問題と異文化ストレス.精神科治療学 22(1):61-67.
21) 大塚公一郎,宮坂リンカーン,辻恵介他(2001)在日日系ブラジル人の異文化適応と

メンタルヘルス――アンケート調査による一般住民と外来受診者の比較から．日社精医誌 10:149-158.
22) 太田博昭 (1994) メンタルヘルスと異文化不適応――パリに集まる日本人を巡って．imago 特集 文化摩擦．青土社，p.98-103.
23) 林宗義 (1986) 分裂病は治るか．弘文堂，p.86-90.
24) 坂口信貴 (1989) チーム医療と治療構造の相互作用について．集団精神療法 5(2):113-120.
25) 高畑直彦 (1998) 総論．臨床精神医学講座 第 23 巻 多文化間精神医学，p.3-15.
26) 高橋哲郎 (2003) 改訂子どもの心と精神病理――力動精神医学の臨床．岩崎学術出版社，p.176-188.
27) 和田秀樹 (1994) 異国体験と精神病体験．imago 特集 文化摩擦．青土社，p.104-121.

3. ヒステリーと物語とのつながり

近池　操

I. はじめに

　フロイトは「ヒステリー研究」のなかのドラの症例で，性愛的な誘惑に翻弄される思春期の少女を描いている。その誘惑は未知で甘美なものであるが，家族の繋がりを壊し，自分を見失う危険性の高いものだった。フロイトの著作のなかで初期の論文は文学性が高いといわれているが，松木はそれがヒステリーの物語性からきているとして「無意識の空想を最も率直に生き生きと表出するのがヒステリーである」と述べている。しかしヒステリーは現在では診断名から除去されていて，不安障害や気分障害の範疇として，他者を巻き込む激しい行動化がおきる例では境界性人格障害や解離性同一障害と診断されている。しかし今日精神分析を誕生させた疾病であるヒステリーの臨床的意義を再考しようという提唱がおきている（館 2003, 2008年 日本精神分析学会シンポジウム）。それはヒステリーが，心理的な性徴や心理的な出産に例えられるような，性愛的な心の変化や対人関係での創造を内包した精神力動をもつからだろう。

　ヒステリー患者は過去と現在の交錯のなかで心の叫びを訴える。そして，失声・健忘・疼痛・抑うつなどの身体症状を情緒的な絆の強い人にむけて発信し助けを請う。ヒステリーには人生を愛と憎しみの劇場にしてしまう激しさと魅惑がある。父と娘，母と息子の結びつきには性愛的なものがあり，それが罪悪感や葛藤をよびおこしていく。その心性は古来，神話や伝説として語り継がれた。フロイトはその代表的なものとしてエディプス神話をとりあげて，父・母・息子の悲劇が形をかえてどこの家庭でも繰り返され，乗り越えていくテーマになっていることを論じた。そのテーマはイギリスではシェークスピア

「ハムレット」，日本では紫式部の「源氏物語」などの古典のなかに織り込まれ，繰り返し書き換えられ演じられてきている。愛してはいけない人によせる想いの激しさと純粋さ，別離の悲哀，愛する人を裏切る罪悪感，裏切りに対する復讐の念などは男女の永遠のテーマだが，親から子に連綿と受け継がれていく物語でもある。現代ではそれは映画やテレビの映像のなかに，小説や雑誌などの書物になかに織り込まれ，メディアを媒介に多くの人に届けられている。ヒステリーは性愛的な葛藤に自我が圧倒されてしまう病であるが，それがすべての人間の日常的な課題でもあるために，文化や芸術の産みの母となっている。しかし文化的生産を得るには，探索的思考や抑制されることによってより高められた感情表現との出会いが必要である。ヒステリーが昇華によって職業的な達成や芸術的な創造などの文化的な豊かさに到達しないとき，それは際限のない苦渋と不毛の攻撃の巣窟となる。

　フロイトに始まるヒステリーの症例には若い女性についてのものが多い。私は壮年期まで職業的にも家庭的にも充実した経歴をもっていた女性が，老年期に疼痛性障害を発症した事例を経験した。女性は夫についての嫉妬心から疑心暗鬼になって，夫に執着している幼児化した自分を自覚して，治療を求めていた。しかし内科・外科・麻酔科・神経内科・精神科・催眠療法・カウンセリングなどの複数の医療機関や相談機関を渡り歩く傾向があって，私との精神分析的心理療法も約二年で中断した。私との心理療法に持ち込まれたのは，老年期の夫婦の愛と憎しみの相克だった。

II．事　例

　70歳　女性　元ジャーナリスト
　50分週1回の精神分析的心理療法をした。頻回のキャンセルがあり約2年後に中断となる。

　主訴：全身の痛み

　面接が始まるまでに：初回面接に先立って女性Aは自分の履歴と病歴を郵送してきた。以下は私がそれを要約した文章だ。

　「Aは初老期の女性でジャーナリストだった。男性中心の社会のなかに女性

一人で飛び込み，瞬時を争うスクープ合戦を生き抜いたという自負があった。公害・医療訴訟・高齢化問題等，常に時代を先取りしてその問題点をクローズアップさせてきた。夫は，著名人との親交がある知的好奇心の旺盛な論客だった。夫はデザイン関係の仕事を退職した後，音楽評論家として音楽家の育成に携わっていた。Ａは仕事一筋，夫一途だったが，夫は多芸多才で多くの女性との交流もあり，そのなかにはいくつか恋愛関係もあった。Ａは嫉妬の疑念が抜けず，寂しい気持ちがあった。若い頃は仕事と子育ての忙しさからの充実感があり，夫への満たされない想いは，かき消すことができた。Ａが壮年期になったとき，仕事に転機が訪れた。主要部門から外されＡはすっかり仕事への情熱を失った。このころから不眠，疲労感，うつ症状やめまい，血圧上昇，期外収縮などの自律神経失調症状がでて退職した。転職先では部下への指示が機能せず，仕事の重圧より数日間失声症になった。Ａは家庭を拠り所にしたいと思ったが，夫と娘は趣味と仕事に多忙でＡはより孤独を感じた。急激な喪失感と無力感がＡを襲った。疼痛性障害の発症の契機は，夫が交際していた音楽家のコンサートの初演の日だった。夫は客席で応援し，Ａは自宅でコンサートの成功と失敗を祈る葛藤で心が引き裂かれる激痛を体験した。以後８年間胸痛が続いている。その後良性の小網腫瘍が見つかり手術した。手術は成功したが胸痛はさらに激しくなっている。痛みは常に亢進していると感じられる。内科や外科，精神科の医師は最初すぐ治ると説明するが，改善なく治療が中断になってきた。激痛の場合は近くの内科医に診察を受け，そこで少し安心感を得ている。」

　自己紹介文には原家族についての記述が全くなく，結婚後の職業と夫婦の関係のみが記されていた。著述家らしく，簡潔明瞭な文章で，発症の前後におきた心理的な基盤の喪失について書かれていたが，どこか他人事のような単調さがみられた。複数の医療機関を経て，新しく始める心理療法にＡがどんな期待と挑戦を持ち込むのだろうか。セラピストは事前に宿題を出された生徒のような気持ちになった。

面接経過

　面接はＡが「痛むから」という理由で，夫婦同席面接を希望した。2回のイ

ンテイク面接では，Aが「痛いから話して」と夫に頼み，夫が受診歴や日常生活を話す間，Aは全く無表情で時々鋭い視線で空を睨んだ。Aは，自分の原家族や娘や孫について自分の口で話し始めると生気が戻った。Aは夫に話すことを強要しながら，夫が話すと拒否や嫌悪を表した。夫婦の装いは対照的で，Aは地味な服装に口紅だけの化粧で，憔悴しておどおどした態度だが，夫は上質のスーツに身をつつみ紅潮した表情と社交的な態度だった。Aは痛みが始まる以前は，もっとお洒落で溌剌としたキャリアウーマンだったということだ。セラピストは夫婦間交流の中に攻撃の応酬があるように感じた。

　Aは原家族について，父・母・兄二人で平均的な家庭だと話した。Aは末子の一人娘で父から溺愛された。母はいろいろなものを買い与えてくれたが躾には厳しかった。兄たちはそれぞれ安定した生活をしているということだった。Aは大学のサークル活動を通じて夫と知り合った。卒業前に母が病死し，そのショックから卒業後に急いで結婚した。夫も末子で母から溺愛された。また夫も父を亡くした時期で，Aからの熱愛によって結婚することになったという。夫婦共に社会的な活動を志す進歩的な学生で共感できるところが多かった。夫婦共に裕福な家庭に育ち高学歴である。

　Aと同居の夫の母との折り合いは悪かった。長年の同居の末に義母は介護が必要になって老人施設で亡くなった。Aは「もっと義母に優しくしていれば，こんなに痛みに苦しまなかったかもしれない」と話した。夫と義母は同じ信仰をもち，Aはそれに批判的だったが，義母が亡くなってから信者になった。しかし祈るときに痛みが強まる。セラピストは，Aと義母の間に夫をめぐる嫉妬の応酬があって，家族は深い葛藤関係だったと推察した。

　A夫婦の一人娘には孫がいる。Aにはその孫の存在が救いになっているが，孫が災禍に遭遇するのではないかという不安にいつも苛まれている。孫には無償の愛を感じる。孫に自分を投影して孫の将来を悲観的に心配していると推察された。孫については，決して言えないことがあるので尋ねないでほしいと釘を刺した。孫への愛情ゆえの秘密と痛みかもしれないが，セラピストは話題に触れられないことでAにコントロールされる息苦しさを感じた。

　痛みの発祥は女性音楽家の初演日だった。Aはこの女性について「夫の自分に対する裏切りだ」と述べ，夫は「彼女とは精神的な関係で，自分は支援者だ。

妻が気にするので隠していたが，言うべきことは言った」と述べた。このことになると，Aの怒りは顕になって冷淡な表情となり，夫はさらに顔を紅潮させた。音楽家のことが現在も夫婦の確執の中心となっていた。

　夫はAの痛みの訴えに疲弊していて，昼は仕事用のマンションで過ごし夜帰宅する毎日だった。Aはそこで夫が恋人と会っているのではないかという疑念にとりつかれて，毎日確認の電話をしていた。夫のそのような生活様式は窒息しそうな妻との生活を維持するためのものであり，他方愛情に不安を持つ妻の疑惑の種でもあった。

　セラピストとの心理療法について夫は「痛いという訴えに疲れ切っている。なんとか治して欲しい」と懇願した。Aは「どうせ治らないと諦めている。でも今回は女性のカウンセラーなので少し期待している」と僅かに希望を述べた。痛みが心理的なものかについて夫は「どうみても心理的なもの」と言い，女性は「自分では全く分からない」と言った。

　治療には夫のほうが積極的のようだったが，そこには責任転嫁したい夫の願望もあるようだった。またAには否認があり最初から治療への抵抗が感じられた。

　面接に先立って送られてきた手紙と2回の夫婦同席面接のインテイクから得られた情報は膨大なものだった。夫婦は多数の医療機関に関わることによって，既に自分たちの問題をかなり整理してきていたが，Aの痛みに象徴される夫婦の危機は続いており，依然として複数の医療機関にかかっていると考えられた。

　3回目，夫の用事のためにAは一人で来談した。Aは一人で来談する時のほうが，すっきりした表情でよく話し，痛みについても，違いや程度を振り返ることができた。朝起きると痛みが始まり，夫から「おはよう」と声をかけられると痛みが強まった。夫が仕事場に出かける直前に痛みが増し，夫がなかなか出かけないと痛みは弱まった。夫が留守になると痛みは和らぎ夫を思い出すと痛みが走った。夫が帰宅直前に痛みは最高潮に達し，夫が帰宅後の夕食時は顔をみることもできない。夫が一日の出来事を話し始めるとうんざりするが，夫が疲れてうとうと居眠りを始めると，Aは安堵感で痛みが和らぐ。Aの痛みは夫の一挙一動に反応していると推察された。セラピストが「夫に関心が集中していませんか」と尋ねると，Aは「やっぱり痛みの原因は夫でしょうか」と尋

ね返した。これまでいくつかの機関で指摘を受けていたということだったが，初めて考えてみるかのような態度だった。痛みは孫に電話で無事の確認をする時もおきた。Aは「自分が孫に日々刻々とした心配をしているのも異常です」と語った。

　セラピストが「一人の時のほうがしっかりされているようだ」とAに話すと，Aは「やっぱり一人できたほうがよいのでしょうか」と話した。しかし次の回は「痛い。夫と一緒でないと行けない」とキャンセルした。Aは心理療法への抵抗としてまた逆に心理療法の促進としても夫を使っていた。その後は夫が急用にならない限りAは夫との同伴面接を希望した。Aの「痛みとどうつきあえばよいか」という質問にセラピストが，「痛みによって助かっている部分もあるのではないか。痛みによって守られているものもあるのではないか」と問いかけると，Aは「初めて痛みを肯定的に考えようと思った。痛みと付き合っていけるかもしれない」と話した。Aは痛みについて自分を裏切った夫への復讐だと話し，若くて元気なら離婚できたが，今は夫に依存するしかなく，夫にも自分にも許せない感情が湧くと話した。セラピストが「あなたにとって痛くなるしかなかった状況があったのだと思います」と解釈すると，少し穏やかな表情になった。またホスピスでの安楽死を希望していて，死後遺体を病理解剖して脳神経の研究に役立てて欲しいと話した。セラピストが「本当にあなたが望んでおられるのは死なのでしょうか」と尋ねると，Aは「本当は生きて孫の成長を見たい」と小さく答えた。Aは客観的に自分を振り返ろうとする時と妄想的な迫害感や誇大感に身を委ねてしまおうとする時の落差が大きかった。

　Aは夫への愛憎によって自分を見失う危険性を感じていて，会報などへの投稿を努めて継続していた。「常に痛みはあるが，痛みに触れれば愚痴や嘆きばかりで，どんな風景も目に入らなくなり言葉も失われてしまう」と話した。そしてAは文筆活動の場では，痛みについては一切書かないというルールを課していた。この二重構造でAはかろうじて社会とのつながりを保っていた。

　セラピーが始まってすぐにAは，私との心理療法と並行して，ホスピスでの安楽死を医師に求めたり，夫の知人の薦めで抗うつ薬の多量服薬療法を試したり，催眠療法をうけたりし始めた。それらすべてに夫の同行を求めて，夫にもっとよい治療を探させた。

3. ヒステリーと物語とのつながり

　治療はすべて効果がなく，夫は追いつめられた。夫は批判の矛先をセラピストにも向けて，「のらりくらりとした誠意のないセラピスト」「若くて人生を知らないセラピスト」としてセラピストをなじった。しかし夫がセラピストを批判するとＡは「セラピストはよく話を聞いてくれる」とセラピストをかばった。夫婦が攻撃の応酬から抜けられない責任がセラピストに転嫁されていた。

　しかし夫婦二人では全く会話できなくなっていたので，心理療法の場は夫婦がお互いの気持ちを話せる場所にもなった。面接の始まりでは，緊張しておどおどしたＡといそいそした夫の態度が次第に和らぐことも多かった。「できないことを言わないで」「あなたの講義は毎日聞くとうんざり」「いつもつまらないことに首をつっこんで」とＡは少し甘えて夫に抗議した。夫は著名な人との会合や講義の様子などを話し始めると喜色満面になった。夫は社会的に活躍している一人娘について「豪胆だ」と評価した。一方Ａは娘に対して遠慮がちで距離をおいていた。義母が娘の養育にあたっていたので，Ａは母親役割ができなかった。娘とのよそよそしい関係がＡの孤独感を強めていた。

　Ａの家族を支える力は経済力の高さと堅実さだった。娘の学費を仕送り，浪費家の夫を経済的に支えてきた。またそれは夫も認めるところで，大きな出費は常に妻に頼っていた。Ａは「ここではカウンセラーがクッションになって話ができる。こんなにはっきりと夫の気持ちを聞くのは初めてのことだ」と話し，夫も「家では僕が話すと妻が嫌がるので話せなかった」と話した。あるセッションでＡはセラピストに家族三人の写真をさし出した。それはドレス姿の娘を挟んだ正装の夫婦の和やかな姿だった。Ａは，常時携帯しているという夫の大学時代の学生服姿の写真と自分の駆け出しの記者時代の白黒写真も取り出した。ドラマのように華やかな写真に，夫は見入って感嘆した。しかしＡは寂しげにその写真をしまった。Ａはこれまでの夫婦の軌跡を大切に記憶しておきたい気持ちがあったのだと思われるが，葛藤的な感情が湧き上がり，夫との感情の共有ができないようだった。

　Ａの主訴である「痛み」は夫婦を繋ぐ作用があると考えられた。セラピストが痛みが夫婦の間で助けになっていることはないかと尋ねると，Ａは「痛いからやめてと言える」「痛いとしか言えない」と答えた。夫は「痛いと言われると放っておけない」「あまり痛いと言われると自分が無能だと言われているよ

うだ」と答えた。Aは夫に対しての要求を「痛み」というオブラートで包んで出していた。夫婦は共に痛みに依存し痛みから攻撃されていた。

　セラピストはAに「痛いということで，許せないと思っている怒りを自分の身体に引き受けさせて，自分が悪者になっているのだと思う」と伝えた。Aは「そう言われてもどうしようもない」とセラピストに怒った。セラピストの身体の痛みについての解釈は，Aの心の痛いところを突いたのかもしれない。Aは自分の心の探索を拒否し，解釈を怒りに変えて吐き出した。

　面接開始1年後の時期には，夫婦の来談は安定していた。一緒に語学を習いに行き，Aは楽しそうだった。Aは「気持ちのよい日には，今日も夫を与えてくださって有難うと感謝する」と話した。夫は以前から語学を習っていたのでレベルが高かった。しかしAはそれよりも夫との社交性の差に圧倒された。「夫がどんどん人を巻き込んで談笑し，友達を増やしていくことに驚いた。」Aは語学学習をあきらめた。Aは夫に陶芸を始めようと提案したが，夫は「苦手なことだ」と断った。夫は自分の趣味を優先させていくペースを崩さなかったので，夫とAの共通の時間は長くは続かなかった。

　面接開始1年半後のことだ。夫は音楽仲間たちと外国旅行にでかけた。Aは夫の留守中一人で過ごせるかと不安だった。夫が留守の間，Aは一人でカウンセリングに来談した。Aは娘宅で，執筆もこなして案外落ち着いて暮らせている自分に驚いた。「夫と一緒に暮らしているほうが苦しいかもしれない」とAは話した。この時は夫の同行者がはっきりしていたので，Aには安心感があった。しかしその後夫が以前交際していた音楽家のコンサートに出かけ，それがAに発覚した。Aは感情を爆発させて夫をなじった。夫が非難に耐えかねて怒り出すと，Aは激しく自己嫌悪した。Aは胸痛で駆け込んだ内科医から「夫に怒ることができてよかった」という支持をもらって落ち着くことができた。しかし夫にとっては妻の怒りの爆発は耐えられないことだった。夫は憔悴し，Aの怒りは罪悪感に帰結した。

　その後Aは一人で来談してセラピストにはっきり言った。「私が憎んでいるのは夫ではなくて恋人の音楽家だ。夫は私とその音楽家の二つの人生を生きてきた。私の人生は何だったのか。私はこれからどうすればよいのか答えがほしい。」セラピストが「答えはすぐには見つからないのではないか」というと，

Aは「私はどうすればよいか全く分からない。次回答えがほしい」と言い残した。その後Aは大量服薬して朦朧状態となって面接をキャンセルしたまま心理療法は中断になった。Aの状態がより悪化した形での中断で、セラピストには「役に立たなかった」という後悔と罪悪感が投げ込まれた。夫婦はこれまでの生き方を反復し、夫婦の危機は繰り返された。

しかしAにとってセラピストとの決別は夫との決別を防衛することに繋がっていた。Aは夫との関係性を断ち切りたいが、一方で繋がり続けたいという葛藤的な願望を行動化したと推察された。その後Aからセラピストに数回の通信が届いた。そこにはホスピスでの安楽死願望、音楽家の存在がAの人生の全否定に繋がっていること、「自分の夫への愛が完璧なのに自分は報われていない」と夫に伝えたことが書かれていた。夫は娘に助けを求めて、娘はAを嗜めたということだった。心理療法が中断してからこのような報告が届くのは、Aのなかにまだセラピストと繋がりたい気持ちが残っていたからだろう。娘に自分の味方になってほしい気持ちがセラピストに置き換えられたのかもしれない。その後のメールには相変わらず自分の絶望と痛みは続いていて、脳神経の名医に夫と受診する予定だと記されていた。Aからは面接の最初に自己紹介の文章が届き、面接の終わりに事後報告のメールが届いた。これらのメッセージは、面接で語られなかったことがあることのメタファーではないだろうか。何かが暗示されながらそれは語られなかった。それは「尋ねないでほしい」とAが封印した娘夫婦と孫のこともあるだろうが、それは分らないままだ。Aは面接の中断後も、会報への投稿などの執筆活動を継続していて、それが残りの人生を支えていくだろうと思われた。

Ⅲ. 事例の考察

Aとの心理療法は、Aとの単独面接となったり夫婦同席面接になったりして、セラピストは面接の設定を定めることができなかった。Aと夫は分離をめぐる葛藤が強く、夫の来談は治療の協力者のようだが、治療の抵抗としても働いた。2人は無意識的に共謀して治療に抵抗していたと感じられる。ギャバードは「夫婦は一方では未解決の対象関係を克服したい、また他方で単にそれら

を繰り返したいという葛藤的な願望によって引き合わされている」と述べている。夫婦はそれぞれの原家族の対象関係の反復や保障を相手に求める。「お互いが相手の未解決の対象関係に応じて一時的な援助ができるのがよい結婚である」とギャバードは述べている。自分の要求が拒否されたり、お互いの要求するものがすれ違ったりした時、自己愛的に未熟な夫婦はそれに対して怒り復讐しようとする。夫婦は自分の求めているものが得られないのは、相手が悪いからではなく、自分のこれまでの対象関係の持ち方に問題があったとは考えにくい。自分の要求を正当化して相手が悪いと考えるほうが容易だからである。相手を自分の延長線上に置いて、思い通り動かそうとするのは、自他が未分化で自己愛的な人が形成する対人関係の特徴である。それは親子関係や夫婦関係のなかに性愛化されて再演されていき、家族間の愛憎、忍従、反抗、裏切り、復讐の連鎖をもたらしていく。

　A夫婦には結婚前の家族関係で共通点が多い。Aも夫も共に末子で異性の親から溺愛を受けた。親からの過大な評価と賞賛を受けると子どもは自己愛的に肥大した人格を形成する。自分は特別な存在で、より愛をうける価値があると過信する。しかし異性の親を独占することは、同姓の親に対する裏切りになるので、罪悪感が高まって、マゾキスティックな人格を形成する。夫婦は自己愛的で依存的な対象関係をもとにして、サドマゾキスティックな関係性を発展させる素地があった。

　夫婦が結婚に至る経緯にも共通点がある。同性の親の死が結婚を早める契機となったことだ。AはAの母が病死した翌年に、夫は夫の父が病死した翌年に結婚している。同性の親の死というエディプス状況の破綻は、異性の親との結びつきを強め、亡くなった同性の親への罪悪感を強める。別離の悲しみと罪悪感は結婚という新しい状況設定によって躁的に防衛され喪の作業が回避された。

　二人はパートナーに無意識的に親役割を求めた。Aの父の再婚によって、Aは心理的に両親を立て続けに失うことになった。Aは喪失感に比例して夫への依存を高めたと推察される。結婚後夫はデザイナーとして、Aはジャーナリストとして活躍して社会的に高い評価と達成を得た。共に独創性が大切な職種で知的好奇心を満たしあって、夫婦はお互いに相手が自慢だった。結婚生活は、共働きの忙しさ、嫁姑の確執などがあったが、長女が生まれて順調だった。A

は夫を理想化したが，夫の交友関係の広さについては嫉妬し寂しく感じていた。それでもAは仕事の達成感で得られる自信によって気持ちのバランスをとっていた。しかし夫の恋人の出現はAにとっては決定的な裏切りだった。

夫は社交的な華やかさを身につけていた。夫にとって妻からの熱愛は自分の支えでありまた束縛でもあった。夫は妻の嫉妬を避けるために小さな嘘やごまかしを重ねるようになった。それがかえって妻の嫌疑を深めた。夫は恋人とは分別をつけているつもりだったが，妻は自分の立場が奪い取られたと感じた。

男女の三角関係とは精神分析的にはまさにエディプス体験の再演である。愛着対象であった母親が，自分の知らないところで父親と結びついていて自分が締め出されているという受け入れがたい現実を知るという外傷体験は，まず原家族との関係で幼少期におきる。それは兄弟関係や友人関係で繰り返し体験されていく。Aにとってプレイボーイの夫との結婚は再婚した父との関係の再演となった。老年期の喪失は過去の未解決の喪失体験と重なるために，より大きな外傷体験となる。また老年期の家族の破綻は，これまでの人生を帳消しにするような決定的な喪失となる危険が高い。

面接では語られなかったが，世代間伝達されてきた夫婦の葛藤が娘夫婦にも繰り返されていたと推察される。

Aには自分の生命線として護ってきた執筆活動があった。それが自分の人生を統合していく創作活動になるときに，Aの身体的痛みが昇華され創造的な生き方に開かれていくのではないかと推察された。

心理療法が中断したことについての考察

A夫妻との面接を振り返ってみると，セラピストとA，夫の三者面談は，Aの繰り返されてきた外傷体験であるエディプス状況の再演の場所になった。しかし夫婦が共に数多くの治療者を訪ね歩くのは，安全なエディプス状況や生産的なエディプス状況への希求もあったと思われる。エディプス関係は膠着した関係をほぐして，新しい人間関係を開いていく広がりの場でもあるからだ。またAの痛みは破綻寸前の家族を繋ぎとめる唯一の方法として使われていて，この時点では手放すことのできない大切な切り札だったのではないだろうか。

Aは「やっぱり一人で（心理療法に）来ることが必要でしょうか」とセラピ

ストに尋ねた。夫から離れる寂しさとセラピストに近づく不安があって，一人での来談は困難だったのだろう。またセラピストに夫の生き方を変えてほしいという願望もあったのであろう。一方で，夫への依存から脱して，自分の生き方を再構築する必要性も分かっていたと推察される。

　夫は音楽家との交際を継続させ，Ａは夫を引き留めるために大量服薬をして心理療法は中断した。この劇的な中断こそがヒステリー機制だったと推察される。セラピストとの面接は夫婦の愛憎劇の直撃を受けた。そして二人はその後，新しい治療者と同じ劇を演じ続けていったようだ。

　Ａは自分自身であるための最後の生命線として短歌や俳句の会報への投稿活動を続けていた。この二重構造はＡの潜在的な回復能力を示していたと思われる。Ａはジャーナリストとして培われた社会への関心と意見，病を得ての独白，癒しとしての自然の情景を表現し続ける必要性を感じていたのだろう。そこには自分の人生の再構築への予感があったのだと推察される。心理療法は中断したが，回復の可能性を暗示させる中断だった。

「したきりすずめ」の物語から

　Ａにみられるような初老期や老年期にみられる性愛の葛藤は，若い女性の瑞々しさとは違った哀切がある。老夫婦の愛憎の相克が著されているものとして日本の民話「したきりすずめ」がある。地域によって少しずつ異なる民話をもとに，童話作家たちがそれぞれに再話しており，あらすじはそれぞれ異なっているが，ここでは松谷みよ子作の「したきりすずめ」をとりあげて紹介したい。私たちに馴染み深いこの話にみられる老年期の性愛の描写を読み解くことは，Ａ夫婦の葛藤の理解に役立つと思われるからである。

　　昔，お爺さんが山から連れて帰った雀を「ちょん」と呼んで可愛がるので，お婆さんは面白くなかった。ある日お婆さんが洗濯物の「のり」の番を「ちょん」に頼んだが「ちょん」はその「のり」を舐めてしまった。お婆さんは怒って「ちょん」の舌を切って追い出してしまった。山から帰ってきたお爺さんはお婆さんからこの話を聞き，すぐに「ちょん」を捜しに行く。お爺さんは「ちょん」の居場所を教えてもらうために，命じられた苦行をこなして，とうとう「ちょん」を尋ね当てる。「ちょん」はお爺さんの来訪を喜び，ご馳走でもてなした。お爺さんの帰り際に「ち

ょん」はおみやげに大小の2つの「つづら」を示して，選ばせた。おじいさんは小さな「つづら」を選び，そこには金銀財宝が詰まっていた。それを見たお婆さんは自分も財宝を貰おうと，荒っぽく行をこなして，「ちょん」のお宿に辿り着く。「ちょん」はお婆さんに粗末なもてなしをしたが，お婆さんは構わずにおみやげに大きな「つづら」を催促した。帰る途中でお婆さんが「つづら」を開けるとそこには気味悪いたくさんの化け物が詰まっていて，お婆さんは腰をぬかしてしまった。

したきりすずめの考察

　「したきりすずめ」は雀の優しいお爺さんへの報恩譚なのだろうか，欲張りなお婆さんに対する懲悪譚なのだろうか。作家松谷みよ子はお婆さんによって舌を切られた雀は遊女だったのではないかと書いている。この話では心の優しいお爺さん，可愛いらしい雀，強欲なお婆さんが対照的に著されている。しかしお婆さんのお爺さんや雀に対する腹立たしさや忌々しさに共感すれば，全く違った読み取りができる。お婆さんにとって雀が盗んだのはのりではなくてお爺さんの心だった。そしてお婆さんは，雀の舌を切って雀を去勢した。お爺さんの罪のない無欲さと，雀の罪のない可愛らしさは，どちらもの生々しい感情をスプリットさせている防衛ともとれる。二人は愛と憎しみの生々しい感情をお婆さんに転嫁した。お婆さんには羨望と報復の苦しみが課せられた。

　お爺さんとお婆さんはそれぞれ分かれて「ちょん」に会いにいく。それは自分が執着しているものを見極める旅であり，自分を取り戻す旅でもあった。お婆さんは「舌をきる」という残酷な処罰で雀を追い出した結果，一旦はお爺さんを雀に奪われてしまった。お爺さんは，夢中で雀を求める旅に出ていく。しかし雀のもてなしの宴が終わると醒めるようにお土産の宝物をもらいお婆さんのところに帰ってきた。お婆さんの嫉妬と怒りは倍増し，雀を攻撃して，貪欲に宝物を勝ち取ろうとした。お婆さんが奪い取ったお土産は化けものたちでお婆さんは腰を抜かした。お婆さんが受けたのは，雀からの報復であり，自分の行為の罰でもある。お婆さんが魑魅魍魎に囲まれたのは，お婆さんの心がパラノイックな嫉妬の中にあることを示している。お爺さん，お婆さんは逆の行動をしているようだが，どちらもパラノイックな対象関係のもとに行動化して，それが醒める体験である。「したきりすずめ」は，老夫婦であっても男女のエ

ディプス状況の生々しさと残酷さには変わりがないことを伝える民話でもある。

　日本の民話には鬼女，鬼母，鬼婆など，女性が愛に執着して鬼と化す話が多い。例をあげると女道成寺，鬼子母神，山姥などのお話である。「したきりすずめ」のお婆さんも，意地悪な鬼婆役を引き受けている。それらに共通するのは，愛する人や子を繋ぎとめようとする狂気と表裏一体の愛の形である。

　フロイトの精神分析はエディプス神話をもとにしたエディプス葛藤を根幹としている。これは父，母，子の宿命的な葛藤を表していて，息子による父親殺しの物語である。フロイトの心のなかで続けられた精神分析の起源となる作業に「喪の仕事」がある。父ヤコブの死を悼む喪の心理を，自己分析のなかで辿る体験が，後にフロイトが名付けた「喪の仕事（モーニングワーク）」の営みだった。

　日本で精神分析研究を創始した古澤平作はエディプス・コンプレックスの日本的な形として仏典のアジャセ物語からアジャセコンプレックスを創唱した。アジャセ物語は同じ父親殺しではあるが，罪を背負い，罪をかばう母親と救済されていく息子の物語で，より女性に重点がおかれている。アジャセ物語は女性が身をなげうって宿命的な悲劇にたちむかい，悲劇の連鎖をくいとめる。古澤平作の研究を受け継いだ小此木啓吾は，フロイトの「喪の仕事」が精神分析のプロセスだと紹介している。フロイトは，私たちが愛着を充たす対象を喪失した場合に，それにどう対処するかが，さまざまな精神病理の発生の起源にかかわると考えた。喪の作業とは，人が思慕していた人との回想に入り込み，心の中で死者を蘇らせようとするプロセスである。精神分析では自由連想が回想を助けていく。

　神話や民話は文化的な回想をもたらしてくれる。神話や民話に親しむと，有史以来変わらず流れている人の情動を知り，それに自分を重ねる作業ができる。日本の民話は短く凝縮された語りで方言が生きている。大きく美しい自然との対比のなかに人が置かれれば，浮かび上がるものと削ぎ落とされるものがでてくる。そこには気配や余韻が漂う空間が生まれる。それは俳諧や水墨画の世界に繋がるような洗練された空間である。また民話には年寄りが子どもに話してきかせるような，柔らかさや暖かさがある。年長者が子どもに民話を語り，地方の都市や村落で壬生狂言や人形浄瑠璃が伝承されているのは，愛と憎しみと

いう強い情緒体験を物語りや劇という形で表現して，納めていく知恵ではないだろうか。

　鶴見俊輔は「神話とのつながり──175篇のメッセージ」（熊本こどもの本の研究会発行）のなかで，「寄せられたエッセーを読み進むうちに日本文化のなかに今も生きている俳諧を感じた。集められることによって大きな風景のなかにおかれた。人間の思想の発展はまず『気配』次に『言語』そしてまた『気配』に終わる」と書いている。この本は「神話的な時間」のテーマで全国に手記を募集したものである。人はそれぞれに神話的な物語を有していて，語ることを必要としているのではないだろうか。

Ⅳ. おわりに

　平均寿命が延びて高齢者が心理療法を求めて来談する事例が増えている。とりわけ女性の来談が多い。退職，子どもとの関係，離婚，介護，親や配偶者との死別などの喪失体験が契機となって，高齢女性が自分の人生を振り返るように来談される事例はこれからも増えていくだろう。これまでは精神分析の適応は中年期までといわれてきたが，これからは高齢者への精神分析的な心理療法の必要性がますます高まってくるだろう。そこでは不毛のヒステリー機制を豊かなヒステリーの物語に変えていくような精神分析探索が必要とされるのではないだろうか。

　謝辞：本論文についてご指導いただいた高橋哲郎先生と，事例について精神分析的な探索と助言をしていただいた精神分析セミナリー土曜グループの先生方に心より感謝いたします。

参考文献
1) Freud, S. (1895) Studies on Hysteria. SE.2. （懸田克躬訳：ヒステリー研究．フロイト著作集7．人文書院，1974．）
2) Freud, S. (1893) On The Psychial Mechanism of Hysterical Phenomena—A Lecture. SE.3. （井村恒郎訳：ヒステリー現象の心的機制について．フロイト著作集7．人文書院，1974．）
3) 松木邦裕（2009）ヒステリー──パーソナリティーのひとつの母体として．精神分析

研究 53(3):26-36.
4) 狩野力八郎 (2009) ヒステリーを読む. 精神分析研究 53(3):18-25.
5) Gabbard, G. (1994) Psychodynamic psychiatry in Clinical practice—The DSM-IV. American Psychiatric Press. Washington D.C. (舘哲朗監訳:精神力動的精神医学③——臨床編:Ⅱ軸障害. 岩崎学術出版社, 1997.)
6) 岡田暁宜 (2006) 解離ヒステリーの一症例に関する考察——人格解離の力動性について. 精神分析研究 50(3):82-89.
7) 舘直彦 (2003) ヒステリー診断の今日的意義. 思春期青年期精神医学 13(1):1-12.
8) 小此木啓吾 (2003) 精神分析のすすめ. 創元社.
9) 飛谷渉 (2010) Hysteria Today——ヒステリー者との出会いと精神分析のプロセス. 京都精神分析・臨床セミナー(京都市にて講演).
10) 松谷みよ子 (1995) したきりすずめ. 童心社.
11) 鶴見俊輔, 西成彦, 神沢利子 (1997) 神話とのつながり——175篇のメッセージ. 熊本こどもの本の研究会.

4. 環境転移について

岡田　暁宜

Ⅰ. はじめに

　転移は精神分析的治療の中心的概念である。患者が転移する無意識内容は，陽性や陰性の感情，超自我やイド（性愛欲動，攻撃欲動，幻想）などの自我構造を構成する要素，自己部分と部分対象からなる部分対象関係，父親や母親のような全体対象，過去の対人関係のパターンなどさまざまである。また転移は重層的であり両価的でもあり，また防衛的であり再演的でもある[6]。治療者がどの転移に注目し，どう扱うかによって，治療過程は大きく左右される。本論文において，男性恐怖を呈する混血女性に対する精神分析的精神療法の中で展開した，ある転移に注目し，環境転移（environment transference）として考察を深めたい。著者の知る限り，これまで環境転移という概念が論じられたことはない。

　精神分析領域において，環境は人間の外部に存在するものと考えられている[12]。精神分析誕生の起源であるヒステリーの発症の背景には，その当時の性別をめぐる社会文化的な環境要因があるといわれている。しかし疾病発症の環境要因について，精神分析の中で前景的に論じられることは少なかった。その背景には，精神分析は伝統的に無意識を重視し，欲動や幻想など，人間の内部に存在するものを分析の対象にしてきたことがあるだろう。その後，ハルトマンやウィニコットやサールズの貢献によって，環境の概念は精神分析の中で学派を越えて重視されるようになった。しかしながら，環境の概念は精神分析の中で背景的存在であることには変わりはないだろう。本論文はこの背景的存在である環境に光を当てることになる。

II. 症例紹介

　Aは26歳の未婚女性で，日本人の父親と中欧出身の母親の混血児として日本で生まれ育った。母親は紛争の絶えない国の出身で，中欧と南欧の混血児でもある。両親は各々南欧へ旅行した時に初めて出逢い，そこで母親がAを妊娠した。その後，母親は初めて来日し，父親の郷里の田舎町で結婚生活を始めた。父方祖母は，両親の結婚に反対したので，母親は日本の生活に馴染むのに随分苦労したという。Aは物心ついた頃から自分が周りと同じ人間であることを疑うことなく暮らしてきた。ところが小学校低学年になり，周りの子どもたちから「外国人だ」といわれて，Aは初めて自分は日本人ではないと思い，強い疎外感を抱いた。これがAの初めての外国人体験であった。Aは興味本意で自分に近づく子どもたちから疎外されないように，周りの要望に応えて英語を話すなど，あえて外国人として振る舞った（英語は母親の第一母語ではなく第二母語であり，Aは母親に日本語を教える役割を担っていた）。その後，Aは血気盛んな男子のエネルギッシュな言動に恐怖心を抱くようになり，自ら希望して自宅から離れた宗教色の強い6年一貫教育の女子校に通った。高校卒業後，自宅を離れて上京し，国際色・宗教色の強い大学に進学し，大学4年間を宗教色の強い女子寮で過ごした。

　大学卒業後，Aは地元に戻り，父親の郷里の田舎町で両親と4歳年下の妹と父方祖母の五人で暮らしながら，父親の事務所を手伝っていた。26歳になったAは，両親の勧めで初めて見合いをした。男性との交際が始まると，不安と不眠が出現し，仕事でミスが目立ち始めた。その半年後，Aは交際を断り，男性恐怖（女性として見られる恐怖）を主訴に精神科診療所を受診した。治療を担当した女性医師は，軽躁状態で被害妄想傾向があると診断し，睡眠薬に加えて少量の抗精神病薬を処方していた。初診から半年後，担当医の産休により，著者（以下，Th）が担当医になった。Aは知的で物静かで洞察的であった。Aは男性との性交渉の経験はなく，茶道や琴などの日本文化を一般教養として習っていた。数回の診察を経て，週1回50分の分析的精神療法が開始された。

Ⅲ. 治療経過

第Ⅰ期：6カ月

　Aは表情をあまり変えず，病歴や自分史を静かに語った。小学校低学年の時に，周りから外国人だといわれたことを母親に話したら，母親が泣いたので，二度とそれを母親に話さないと心に誓ったという。Aは自らの外国人体験を「自分のせいです」と語り，異国の田舎で外国人として暮らしてきた母親の苦しみに同情を示した。外国人体験の分析が進むと，Aは小学生の頃に父親が「女だから……」「所詮，女は……」などと母親に放った女性蔑視発言を聞いた時の嫌悪感を想起し，自らの女性蔑視体験を語った。だが世の中が女性蔑視社会なのは当然であるとして，Aは社会や男性への不満を語ることは一切なかった。Thの解釈を通じて，Aは母親の外国人としての苦しみを支えない父親に対する怒りを自覚できたことに満足を示した。

　Aはしばしば自らの内的世界や内的体験を豊富な比喩で表した。Thが男性であることに触れると，AはThに性があるのを否定し，Thとの間にあるテーブルやThの白衣や医師という専門性に対して「安心できる壁です」と喩えて，さらに自らの化粧を「自分の外との交流を断つ鎧です」と喩えた。治療関係に向けた介入をすると，Aは「肉屋の裏には屠殺場があります」や「両腕がない人間です」などと不気味な比喩で，治療空間や自分自身を表現した。治療者や治療関係に向けた介入は，Aを瞬時に迫害的で無慈悲な世界へと追いやった。ThはAの内的世界に恐ろしさを感じた。

　Thは治療関係に向けた介入を控えて，Aの内的世界や内的体験を受容し続けた。やがて治療空間は穏やかな雰囲気に包まれるようになり，Aは「無菌室の中にいる」や「山の中で湧き水を飲んでいる」などと治療空間を喩えた。治療開始から3カ月後には，主訴である男性恐怖は消失し，薬物療法は不要になった。症状改善をめぐって，AはThを「参考書です」と喩えるなど，治療を自習のように体験していた。Aは「たくさんの患者がいる中で，症状がなくなっても通っているのが申し訳ないです」と語った。通院することへの罪悪感が扱われると，Aは安心したように「Thからいつ治療終了を告げられるか不安でした」と語った。

第Ⅱ期：6カ月

　治療開始から6カ月が経過した頃，Aは見合い再開を考え始めた。だがAは「結婚は単なる契約で，親の希望や社会の常識でしかありません」と夢も希望もないただ堪え忍ぶだけの世界として結婚について語った。それは母親の結婚生活を取り入れたものであった。男性恐怖の改善と見合い再開の関連に触れると，Aは自分の改善がThに受容された安心感によるものであると答えて，Thのことを自分に不安を与えない「場所」や「世界」であると語った。それまでThはAに安心できる環境になることに全く違和感はなかった。だがAがThを人間として体験していないことに，Thは徐々に違和感を抱き始めた。Aは治療場面でThのことを人間であると感じ始めると，瞬時に外国人体験や女性蔑視社会の叙述へと移り，自分が見せ物のようだった小学生の頃の疎外体験を語った。Thから外国人や女性として見られることに触れると，Aは「Thは専門家ですので，不安や恐怖を感じません」と答えた。

　見合いを再開したAは，治療に十分に満足し，「そろそろ治療を終わる時だと思います」と繰り返し語った。確かにAの主訴は改善していた。Thは自分がAに人間として体験されないまま治療が終わることを感じた時，少し寂しい気持になった。ThはAの回復を認めた上で，AがThという参考書を見て，一人で回復したように思えて，Aが治療を自習のように体験していることを解釈した。さらにAという人間に会った感覚がないというThの逆転移感覚をAに伝え，〈それはあなたも同じではないか〉と解釈した（38回）。翌回Aは初めて面接を待ち遠しく感じたと語り，その後，見合いを止めて治療の継続を決めた。

第Ⅲ期：1年

　治療開始から1年が経過した頃，Aは昔から母親の背骨が曲がっていて，幼い頃から自分も大人になると母親のように背骨が曲がると信じていたことを語った。大人になっても母親のようにならないのを知って，安心したけれど，母親を独りにした気がして辛かったという記憶をAは涙ながらに語った。Aは外国人としての母親の苦しみに責任を感じていた。Aが自らの外国人体験を通じて母親と同一化する背後には，母親を独りにすることへの罪悪感があることが

徐々に明らかになった。他方でAは母親への想いを「片想いのようです」と喩えた。Thはそれが恋愛感情のように思えて，同性愛と陰性エディプスを連想した。

　やがてAは男子学生の多い教育研究機関の中年の男性研究者Bの秘書として働き始めた。そこでAは他の研究室の女性秘書から「きれいでいいわね」と褒められたことを悲しい体験として涙ながらに語った。そのエピソードに関連して，さらにAは以前に妹に「きれいで羨ましいわ」といわれて傷ついた体験を想起した。Aは以前から男性からきれいな女性として見られることで，他の女性からの嫉妬を招くのが怖かったことを語った。その後，Aは女性恐怖を抱くようになった。やがてかつての外国人体験の意味は，小学生の頃の周りからの疎外体験から，中学高校生の頃の男性からの注目体験と女性からの嫉妬体験へと変化していった。Aは自分が母親よりもきれいだと父親から思われないように，昔から努力してきたことを語った。ThがAの女性としての美しさの罪を解釈すると，Aは自分の罪をThに認められて，救われたような表情を初めて見せた。だがAは相変わらず「顔や腕がない人間がいます」「怪物です」などと自分を不完全な身体に喩えた。Aが"欠けた対象"に同一化するのは，母親との同一化だけでなく，Aが自分自身を去勢しているようにThは感じた。

　Bには別居中の妻と娘がいて，妻への不満などをよくAに漏らしていた。ある時AはBに求婚された。AはBの求婚を断りながらも，Bへの同情心からBとの関係を続けていた。Bの関係が性愛的な意味を伴うようになると，ThはBとの関係がThへの性愛転移の表現であると感じた。だがAはBとの関係に性的な意味を感じられず，むしろA自身や母親をBに重ねていると語った。さらにAはThに自分の罪を認められて，治療の場所に居ることを許されたという安心感から，Thを「ふる里」に喩えた。これはAがThを人間として体験することへの防衛と思われたが，ふる里のような環境体験を欠くAには必要な体験だと感じて，ThはAがBとの内的関係を営むことのできる環境として存在し続けた。Aは母親のように，娘のように，恋人のように，Bと一緒に同じ時間を過ごした。AはBとの関係を通じて徐々に男性に対する自らの性欲の存在を自覚し始めた。だがAは「皿の上の料理です」とか「食べたらなくなってしまいます」などと口愛的欲動として性欲を表現した。ThがAの性欲

が対象を破壊することへの不安を解釈すると，Aはそれを認めて，以前自分がThを物のように見ていたことと自ら関連づけた。やがてAは社交ダンスを習い始めた。AはThを人間だと感じ始めたが，やはり性のない人間でしかなかった。

第Ⅳ期：2年

治療開始から2年が経過した頃，Aは自分が父親と天気の話などの日常会話をふつうにできたことを驚きながらThに報告した。これは転移表現であり，同時にそれまで停止していたエディプス期の再開のようにThは感じた。またAがThのことを「空気のような存在です」と語った時，Thが〈夫婦にも使う言葉だね〉と答えたところ，Aは少し驚いたようだった。ところがその後，「母親の帝王切開の傷痕は自分のせいです」などと，Aの中で母親を傷つけた罪悪感が再び高まった。Aが「可哀想です」と母親を哀れんだ時，Thが〈どっちが？〉と返すと，Aは静かに涙を流した（103回）。その後，Aはかつての外国人体験が自分のせいだけではないと感じ始め，「鎖国した日本人も悪い」などと，他人や母親を責める発言をするようになった。Aは自分が怒りを自然に感じていることに驚きと喜びを表した。Aは日本で外国人として苦しむ母親の生き方を尊重し始め，さらに一人暮らしを考え始めるなど，母親からの分離が起き始めた。Aは「地に足がついている感じです」と表情豊かに身体感覚の新鮮さを語った。ThがAの変化を治療体験と関連づけると，Aは「以前はThがふる里や性のない人間なのが安心だったけれど，今はThが穏やかな男性なのが安心です」と語った。Aは以前から一般教養として習っていた，茶道や琴などの日本の伝統文化を心から楽しめるようになった。

治療開始から3年が経過した頃，AはThへの性愛的感情を語るようになり，徐々にThをリビドー対象（libidinal object）として捉え始めた。リビドー対象転移のワークが進展すると，AはBの研究室の若い男性研究者Cと恋愛関係になった。Aはエディプス期の通過とともに，Cとの性交渉を体験し，異性関係を楽しめるようになった。やがてAはCとの結婚を考え始め，本治療は四年で終結を迎えた（計176回）。

Ⅳ. 考　察

1) 本症例の病理について —— 2つの文化葛藤

Aの男性恐怖は，小学生の頃の外国人体験や女性蔑視体験にまで遡ることができた。Aはそれらを迫害的で差別的な環境として体験していた。これはエリクソンのいう根こぎ体験（uprooting experience）を彷彿させる[1]。実際にAが生まれ育った田舎町には，民族と性別をめぐる差別的な文化的背景がある。Aには民族同一性（ethnic identity）と性別同一性（gender identity）の2種の自己障害があると思われた。男性恐怖の背後には民族と性をめぐる2つの文化葛藤があると思われた。母親もまた混血であり，故国をめぐる文化葛藤があるようである。またAは治療経過の中で「通院することへの罪悪感」（Ⅰ期），「母親を独りにすることへの罪悪感」や「女性としての美しさの罪」（Ⅲ期），「母親を傷つけたの罪悪感」（Ⅳ期）など，さまざまな罪悪感を表している。この背景にはAが宗教的に"罪の文化"の中に生きていることがあると思われる。

以上よりAの病理形成には，母親，文化，環境との結びつきが強いと考えられる。文化は口愛性満足を供給する源であり，新しい文化に入る際には，口愛性の剥奪が起きるとプランジは述べている[10]。Aは口愛性を示唆する言葉（水，飲む，料理，食べる，肉屋など）をたびたび使用しており，Aには口愛期固着があると思われた。また本治療過程において環境が特に重要な意味をもったと著者は考えている。

2) 転移の理解について

環境転移を論じる前に，転移を理解する幾つかの視点について触れたい。

第1に患者が何を転移するか（転移の内容）という視点である。これについてはすでに緒言で触れている。第2に患者が何処に転移するか（転移の対象）という視点である。これに関連して，ライダーは施設への転移（transference to institute）という概念を論じている[11]。渡辺は治療者転移（transference to the analyst）と構造転移（transference to the structure）という概念を呈示している[14]。構造転移とは構造に対する転移のことである。以前，著者は患者が治療関係を取り巻く治療構造に対して転移を向ける現象とその意味について

論じた[7]。それによれば,渡辺のいう構造転移は治療者転移に対する転移性防衛と理解できる。このように転移の理解は治療関係を前提にしているが,患者が転移を向ける対象は必ずしも治療者であるとは限らない。第3に患者が何故に転移するか(転移の目的)という視点である。これについて衣笠は意識的転移と無意識的転移という概念で明確に説明している[5]。それによれば,意識的転移とはフロイトの定式化した,過去の無意識内容の想起を阻む,抵抗としての転移であり,無意識的転移とはクラインの定式化した,現在の無意識的活動を表す,無意識的幻想の投影としての転移である。著者の理解では,衣笠のいう意識的転移は表出抵抗であり,無意識的転移は内容表出である。以上,転移を理解する際の幾つかの重要な視点を示した。

3) 精神分析における環境概念

環境転移を論じる前に,精神分析的治療および理論における環境概念について触れたい。

精神分析的治療の中でも入院治療に代表される,治療環境(therapeutic milieu)や環境療法(milieu therapy)は,実際に患者が治療を受ける環境や生活する環境を表している。これらのマクロな環境は臨床的に重要である。また精神療法を行う際の治療構造や治療設定は,治療関係を抱える環境といえる。小此木の治療構造論は精神分析的な環境概念を含んでいる[8]。さらに患者の気配やセッションの雰囲気などに表れる非言語的要素,あるいは転移状況やエディプス状況などといわれる治療状況は,患者の内的世界や治療関係の力動を映し出すミクロな環境であり,分析的に重要である。

精神分析理論の中で,環境は外的現実や外的世界と同義語として論じられてきた[12]。ハルトマンは,自我心理学の立場から,平均的に期待される環境(average expectable environment)について論じている[4]。これは子どもが生まれながらに期待している,平均的な身体的・心理的発達を許すような外界の状況のことであり,個人の心身の成長は,環境に適合するように調整されるという考えである。サールズは,対人関係論の立場から,ノンヒューマンな環境(nonhuman environment)の発達的意味について論じている[13]。これは動物や風景や樹木などのようなノンヒューマンな環境からヒューマンな自己を分化

させる過程が，精神病者のみならず，健常な発達においても存在するという考えである。そこには脱人間化の機制があり，神経症や精神病では，自分自身がノンヒューマンな存在であるという考えを抑圧し，環境へ投影しているという。ウィニコットは対象関係論の立場から，抱える環境(holding environment)や環境母(environment mother)について論じている[15]。そこでは母子関係を捉える上で，乳児の内的世界のみならず，外的世界が重視されている。環境母には乳児を対象母(object mother)へと橋渡しする機能があるといわれる。ビオンの影響を受けたグロトスタインは一次的同一化(primary identification)における背景的存在(background presence)や背景対象(background object)について論じている[2]。これらは子どもに安全感をもたらす背景的な存在や対象のことである。パインは統合的視点から，瞬間(moment)と背景(background)の関係について論じている[9]。これは図(figure)と地(ground)の関係とされる。前景は瞬間的で顕著なものであり，背景は持続的で静かなものであるという。以上，精神分析治療および精神分析理論における環境に関連する鍵概念を示した。

4) 環境転移について——意味の変遷とそのワーク

次に本治療で観察された環境転移について治療経過に沿って考察する。

（i）Ⅰ期の前半でAは治療空間を「肉屋の裏にある屠殺場」などと喩えた。ThはAの不気味で迫害的で無慈悲的な内的世界であり，Aがこれまで生きてきた世界観であると感じた。ThがAの内的世界をそのまま受容し続けると，やがてAは治療空間を「無菌室の中」や「山の中の湧き水」などと喩えた。ThはAの静かで穏やかな慈悲的な内的世界を感じた。それらはAが今まで体験することのできなかった，Aの存在を根底から保証する場所や世界であると思われた。ここでの環境転移は，先述の構造転移であり，Aは治療空間にノンヒューマンな環境幻想(nonhuman environment phantasy)を投影していたと考えられる。Aは穏やかで安全な環境の中で，自らの存在を根底から保証される必要があったのだろう。

Ⅰ期の後半で，すでに男性恐怖が改善していたAは，Thを「参考書」に喩えて，あたかも自習のように治療を体験していた。AはThという対象を非人

間化し，ノンヒューマンな環境として捉え，あたかも治療空間に生きた人間はA一人だけしかいないように体験していた。ここでの環境転移は，先述の治療者転移であり，治療者にノンヒューマンな環境幻想を投影していたと考えられる。治療者をノンヒューマンな環境として捉える過程は，サールズのいうように，人間の健常な心的発達過程として理解できるだろう[13]。

Ⅰ期でみられた環境転移は，治療空間あるいは治療者に対して向けられた，ノンヒューマンな環境転移（nonhuman environment transference）であり，Aの心的成長に必要な転移であると考えられた。ノンヒューマンな環境転移に対して，ThがAの環境そのものになり，Aの環境転移を支えることで，Aの男性恐怖は改善していった。だがこの改善は転移満足による一時的治癒，つまり転移性治癒の可能性がある。この過程で注目すべきことは，Thは自分がAの環境になることに全く違和感がなかったことである。これは，ThがAの環境転移に同一化していたためと考えられる。患者から向けられる環境転移に対して，治療者の中で"環境との同一化"という逆転移が起きるのかも知れない。

(ⅱ) Ⅱ期には，それまでの環境転移の成長促進的な意味に加えて，Thを生きた人間として体験することへの抵抗という防衛的な意味が芽生え始めた。並行して，Thは自分がAの環境になることに違和感を抱き始めた。この逆転移感情の変化は，それまでAから転移される環境に同一化していたThの中に，自ら生きた人間として存在したいという願望や自ら生きた人間としてAとかかわりたいという対象希求性が芽生え始めたことを反映しているだろう。この時期にAが見合いを再開し，治療を終えようとしたことは，Aの対象希求性の高まりと対象としてのThとかかわることへの抵抗の行動化としても理解できる。Ⅱ期には，ThがAの環境転移の成長的側面の支えながら，環境転移の防衛的側面に触れる動きが起き始めたといえる。

(ⅲ) Ⅲ期には，Thは環境転移を"支えること"と"分析すること"の葛藤を抱えながら，環境として存在し続けた。次第にAはThに対して環境転移から対象転移を発展させていった。ここでの環境転移は，患者が自己の存在の保証を求める転移であると同時に対象転移を発展させるポテンシャルを有する転移と考えられる。これは環境母の転移，つまり環境母転移（environment-mother transference）や背景対象の転移，つまり背景対象転移（backgroundobject transference）といえるだろう。これは前述のノンヒューマンな環境転移とは異なる，ヒューマンな環境転移（human environment transference）といえる。

　さらにAが治療外関係でエディプス状況を体験するにつれて，母親に対するAのエディプス的勝利（Oedipal triumph）とその罪悪感が表出され始めた。その内的ワークが進むにつれて，かつてのAの外国人体験の意味は，周りからの"疎外体験"から，男性からの"注目体験"や女性からの"嫉妬体験"へと変化していった。小学生の頃の疎外体験としての外国人体験は，Aの隠蔽記憶であった可能性がある。

　(iv) Ⅳ期には，環境転移の防衛的側面に対する分析的ワークが進んだ。並行して，それまで前面にあった環境転移は退き，それまで隠れていた対象転移，特にリビドー対象転移（libidinal object transference）が前面に現れ始めた。リビドー対象転移の分析的ワークが進むと，それまでThを性のない人間としか体験できなかったAは，Thが男性であると体験できるようになった。この過程は，Aにとって"性のない対象"から"性のある対象"へという対象表象形成の過程であり，同時に民族同一性や性別同一性をめぐる自己表象形成の過程でもあった。

　以上のように治療の進展に伴って，環境転移の意味は変遷した。変遷とは時間的視点であり，転移の意味に力動性があることを示唆している。意味の変遷の過程を通じて，内容表出から表出抵抗に至る，転移のあらゆる側面に向けられたワークが行われた。このような意味の変遷に環境転移の一つの意義があったと考えられる。

5) 環境転移の力動性——前景転移と背景転移

　環境転移の力動性をさらに検討するために，著者はフロイトの意識と無意識という局所論的概念に加えて，パインの瞬間と背景という空間論的概念を用いたい。転移の描写の例として，局所論的には"表れる"，空間論的では"現れる"という違いになるだろう。

　Ⅰ期に，ThはAの環境転移に同一化し，まさにAの環境そのものになった。環境転移は治療空間において，前景に存在する治療者を背景化する転移といえ

る。著者は以前にフロイトの局所論的概念を基に転移の配置として転移の重層性について論じた[6]。転移の重層性とは，複数の転移が無意識の深度に沿って存在するという現象を指してる。パインは臨床的に前景に現れる事象の背後にある事象に注目した[8]。著者はこれを発展させて，転移の配置として前景転移（foreground transference）と背景転移（background transference）があると考えている。前景と背景は，ある光景を描写する全体的構図の配置のことであり，観劇における舞台装置でもある。著者はこの考えによって複数の転移の空間的配置を的確に描写できると考えている。本症例でいえば，治療前半（Ⅰ期〜Ⅲ期）には，前景転移として環境転移が存在し，背景転移としてリビドー対象転移が存在していたが，治療後半（Ⅳ期）には，前景転移と背景転移が入れ替わり，それまで前景にあった環境転移は背景へ移動し，それまで背景にあったリビドー対象転移が前景へと移動したと考えられる。そして環境転移はその後も背景転移として存在し続けるのだろう。本症例において，前景から背景へと移動した環境転移は，持続的で静かなものであり，患者の文化を起源にした転移である。この転移は，まさに"文化の転移"といえるだろう。

6）環境転移の概念を使用する臨床的意義

　Aの主訴は男性恐怖であり，Aが治療初期よりThに対してある種の対象転移を向けていたと理解することは可能である。しかし実際にはThは環境転移として理解しながら，本治療を進めていった。理論や理解は治療者の前意識に存在し，その治療過程に影響を与えるといわれる[3]。治療者の転移の理解と介入は意識的にも無意識的にも連動している。本治療において，ThがAからの転移を環境転移として理解し治療を進めたことは，結果的に転移の防衛的側面を含む，Aの内的世界を受容する過程をもたらした。その意味において，本症例において，環境転移の概念を使用することは，患者に支持的影響をもたらし，Aの心的成長促進的を促したと考えられる。それは同時に本症例の中心病理のワークでもあった。

V. まとめ

　男性恐怖を呈する混血女性の精神分析的精神療法過程でみられた環境転移について考察した．治療の進展とともに，環境転移は無意識内容の内容表出から表出抵抗に至るまでさまざまな意味の変遷を遂げ，それに伴い，転移に対する治療的アプローチも変遷した．環境転移転移の意味の変遷は，前景転移であった環境転移が背景転移へと移動する過程でもあると考えられた．本症例において環境転移の概念を使用することは，治療過程に支持的影響をもたらした．

　本論文は第53回日本精神分析学会（東京）で発表した内容を加筆修正したものである．ご指導いただいたスーパーヴァイザーの高橋哲郎先生に心より御礼申し上げます．

文　献

1) Erikson, E.H. (1964) Identity and Uprootedness in Our Time. In: Insight and Responsibility. W.W. Norton Co., New York.
2) Grotstein, J.S. (1981) Splitting and Projective Identification. Jason Aronson, New York.
3) Hamilton, V. (1996) The Analyst's Preconscious. Analytic Press, New Jersey. （高橋哲郎監訳：分析家の前意識——分析家65人のインタヴュー．岩崎学術出版社，2008.）
4) Hartmann, H. (1958) Ego psychology and the problem of adaptation. Trans., David Rapaport. International Universities Press, New York.
5) 衣笠隆幸 (2008) 転移解釈のダイナミクス．精神分析研究 52(3): 247-255.
6) 岡田暁宜 (2004) 学生相談における自己愛的な青年の精神分析的精神療法——転移の重層性とそのwork through．精神療法 30(6): 663-671.
7) 岡田暁宜 (2009) 治療構造と内的世界——二人の治療者から治療を受けていた女子学生に関する考察．精神分析的精神医学3巻．
8) 小此木啓吾 (1990) 治療構造論序説．岩崎徹也他編，治療構造論．岩崎学術出版社．
9) Pine, F. (1985) Developmental Theory and Clinical Process. Yale University Press, New Heaven and London. （斎藤久美子訳：臨床過程と発達——精神分析的考え方・かかわり方の実際1．岩崎学術出版社，1993.）
10) Prange, A.J. (1959) An interpretation of cultural isolation and alien's paranoid reaction. International Journal of Social Psychiatry 4(4): 254-263.
11) Reider, N. (1953) A type of transference to institutions. Bull Menninger Clinic 17: 58-63.

12) Rycroft, C. (1960) Critical Dictionary of Psychoanalysis. Thomas Nelson & Sons Ltd, Nashville. (山口泰司訳：精神分析辞典．河出書房新社，1992.)
13) Searles, H.F. (1960) The Nonhuman Environment: In normal development and schizophrenia. International University Press, Inc., New York. (殿村忠彦，笠原嘉訳：ノンヒューマン環境論——分裂病者の場合．みすず書房，1988.)
14) 渡辺明子 (1983) 構造転移と治療者転移．精神分析研究 26(5):315-323.
15) Winnicott, D.W. (1965) Maturational Processes and the Facilitating Environment —Studies in the Theory of Emotional Development. The Hogarth Press Ltd., London. (牛島定信訳：情緒発達の精神分析理論．岩崎学術出版社，1977.)

本論文は精神分析研究 53 巻 (2):64-72, 2009 に掲載されたものを改稿したものである。

第 2 部
精神分析と治療文化

5. 精神分析療法の意義

奥寺　崇

I. はじめに

　本稿では，外傷論としての精神分析の理論と臨床技法を切り口に，精神分析の幸福論について言及する。さらに幸福の発露である愛情のワーク・スルーの妨げとして，エディプス・コンプレックスと，戦争体験の影響と思しき破綻恐怖を取り上げ，今日の日本における精神分析療法の意義について触れたい。

　はじめに1990年代半ばの筆者の米国留学体験のエピソードを紹介しよう。当時の筆者は児童思春期を専門とする日本の大学病院の精神科医であり，メニンガー病院の選択は力動的チーム医療の研さんにあった。休職し留学に与えられた2年間をどのように割り振るか考えた末，自身にとって初めての海外生活において，しょっぱなから「手も足も出ない」といった心境に陥ったことを手掛かりに最初から児童病棟への配属を希望した。留学前の考えでは児童病棟は留学の仕上げとして最後に取っておこうと考えていたが，児童思春期病棟の病棟医長が応募の際に筆者がしたためたエッセイに関心を持ったこと，留学生のコーディネイターが児童精神科医であり筆者の思いつきを支持したことも決心を後押しした。

　スーパーヴァイザーとなった病棟医長の勧めで治療環境に慣れるためになるべく多くの時間を病棟のラウンジで過ごすうち，ラテンアメリカからの移民である精神病圏の障害を持つA君と交流を持つようになった。お互いが抱いていたに違いない異文化への不安が共鳴したこともあったのだろう，ほどなく彼はさまざまな治療活動に筆者を誘うようになった。A君は不安を共有する「仲間」を得たことで，それまでは中途退席の多かったActivity Therapyに最後

まで参加するようになったし，A君の安定によりスタッフも筆者を歓迎した。筆者もプログラムの中で自身の感情を表出し，分かち合う機会を得たことで徐々に自信を抱くようになった。

次に交流を持つようになったのは，虐待により著しい不安に陥り人と交流が持てなくなったB子であった。正確を記すならB子との実際の会話はごくわずかであったし，それはラウンジで彼女がピアノを弾くのを聴いたことがきっかけであった。B子は筆者と話ができてよかったと礼を述べた。筆者も同様の思いを伝えた。このことはスタッフミーティングでは大きなこととして取り上げられた。B子の受けた虐待は重度のもので，しかも加害者は医師である実父であり，入院後のそれまでの間，B子は男性スタッフと口をきくことはなかった。もしかするとB子はピアノを弾きにラウンジを訪れた際，筆者がそこにぽつねんとたたずんでいたことに気がつかなかったのかもしれないし，日本では中肉中背であっても米国の中西部では小柄でひ弱に見える筆者にB子は加害者との連続性を見出すことがなかったのかもしれない。

これらの一件些細にも見えるかかわりは何がしかの治療的貢献となったのか，A君は異国で社会的に成功した母親が来ると興奮を伴う精神病状態に陥ることがあったが退院し，B子は裁判により親権を取ったため虐待者である父親のもとに引き取られていった。それでも，彼らはいくばくかの改善を示したから退院していったともいえるのだろう。

半年間の児童病棟で手ごたえをつかんだ筆者は次に思春期病棟に身を移した。ここでは数名の患者に定期的に面接することを許されたし，筆者の活動は指導医の保証の元，カルテに記載され，治療方針にも反映されるようになった。

思春期病棟での日々は快適であった。スタッフにも患者にも一定の信頼を得ていたし，入院患者の家族との面接を任され，かかわりを持っていたC男が外来患者の持ち込んだ大麻を吸って急性の精神病状態になった際は，興奮状態のため拘束された彼につき添ったこともあった。回復にいくばくかの貢献をしたとはいっても，ほとんどの患者は退院すると通院圏外の生活地に戻るので別れはつらいものがあった。C男は退院の日に，「タカシ（筆者）が人生で一番僕を理解してくれた」とハグを求めてきた。

結局筆者はこの思春期病棟に1年間とどまった。異文化の中で自分の居場所

を見つけたことは，他の活動，セミナーにおける症例の発表，集団療法への参加といった充実した体験をもたらした。しかしながら留学期間を考えると，いつまでも心地よいところに居続けるわけにはいかなかった。いくつかの選択肢について考えるうち，日本での臨床経験や留学してからの自身の体験やそこで出会った子どもたちのことを考えるうち，トラウマ患者の治療を専門とするTRP (Trauma Recovery Program) への参加を決意した。先にあげた3人（C男は児童期・小児期に重篤な虐待を受けている）のみならず，診断・治療に疑問を残し，治療的にも困難であった症例に共通のテーマであるように考えたからでもある。ところが筆者の申し出は，病棟が不安定であるからという理由で1カ月間留保された。そこにはこれまでのような受け入れの良い雰囲気は感じられなかった。1カ月後には最終的に受け入れが認められたが，初日のコミュニティーミーティングで自己紹介をしたところ，間髪を入れず患者から矢継ぎ早に「ことばが聞き取れない」「フェローという身分が明らかでない」という指摘を受けた。筆者がトラウマ治療に関心を抱くに至った理由を語り，ここで皆から学びたいと希望していることを伝えたことでその場は切り抜けることができたものの，ミーティングが終わり，スタッフ・患者が席をたっても筆者の動揺は収まらなかった。次のミーティングでは患者同士がののしり合いをはじめ，一人が捨てゼリフを残して中途退席した。そこに渦巻く生々しい激しい感情は，恐ろしくも見えた。その次のミーティングが終わると，前の会に捨て台詞を残して中座したD女が筆者のところにやってきて，「トラウマのことを学びたいなら，私でよければ面接を受けてもいい」という申し出を受けた。

　初老期にさしかかっていたD女は極貧の中で大家族の長子として育ち，弟・妹の面倒見役として無事成人し，2度目の結婚で配偶者から家庭内暴力を受けたことを契機として解離性同一性障害を発症した。それまで抜け落ちていた小児期の悲惨な記憶を取り戻したのだった。淡々とした話しぶりの中には多くの悲惨が込められており，筆者を圧倒した。その一方で，このような難しい問題を抱え，事実筆者の目の前でもいさかいを起こす彼女と穏やかな面接を持てることは，どこかで筆者の自尊心をくすぐる体験でもあったように記憶している。

　と，その瞬間であった，彼女は「ところでドクター，精神科医が医者の中で一番自殺率が高いことを知ってますか？」と唐突に質問したのである。筆者は

一瞬にして凍りついた。和やかにさえ見える面接に慢心するような筆者は自殺すべき人間であるかのように感じられたのである。返答に窮しつつも必死で手掛かりを探し、「あなたは家族の中で困難を抱えて自殺したくなるような精神科医の心境でいたのですね」と返した。彼女は穏やかな笑顔と共にうなずいた。残りの時間は再び静穏が支配した。再びの面接を約した後、数日後体調が悪いからと面接はキャンセルされ、ほどなくして彼女は退院した。当時の米国の保険事情はもはや長期入院を許さず、2、3週間以内に退院しないと、悪化時の再入院はかなわない状況であった。他にも理由はあったのは筆者には知る由もなかった。しばらくすると、D女から筆者に一通の手紙が送られてきた。それには、急な退院でさよならが言えずに残念であるが、筆者との面接はよい経験であったこと、筆者の留学が成功裏に終わることを望む、としたためられていた。1回ではあったが彼女との面接は心に焼き付いているし、彼女にとっても印象深いものであったのだろう。

　総じてこの病棟の経験は苛酷であった。病棟の心理士であるアレン氏の心理教育のセッション[1]には、患者に混じって毎週参加したが、分かりやすい語り口の講義であるにもかかわらず、必ずといっていいほど激しい疲労感に襲われるのであった。

　ふりかえってまとめると分かりやすいように、筆者の留学体験はそれまでの人生が培われた環境が剥奪され、失うことの傷つきからの成長であった。その成長をさせたのはこれまでに記したように、相互的な人間関係であったということができる。これらの臨床経験に加えていくつかのエピソード[13]により、筆者の志向性は力動的な児童思春期精神科医から精神分析家へと変容していった。

II. 精神分析における外傷論

1) 攻撃者への同一化再考

外傷体験における攻撃者への同一化については、アンナ・フロイト[7]、フェレンツィ[6]の指摘にはじまり、現在までトラウマ臨床において頻繁に指摘される心理機制といえる。しかしながら筆者の臨床経験では、「同一化」という言

葉が果たしてふさわしいのかどうか甚だ疑問を感じることがある。このような考えを抱くようになった経緯は，ほとんどの場合，治療を求める患者には適切な対象を求め選ぶ能力が保たれているからである。それに引き換え，加害者にしばしば認められる性倒錯症についてみると，共謀関係を形成する対象関係の希求が優位であるように見えてならない。したがって適切な治療者が患者の前に登場すると，その違いは如実となる。被害者が見せる健康的な対象希求性は，加害者が見せるものとは著しく異なるからである。加害者の多くは適切な治療者を畏れ，なかなか近寄ろうとしないし，治療者を脱価値化し，しばしば尊大な態度を示す。

　もちろん，加害者の深層心理について深く理解する機会が与えられれば，加害者の一部に認められる過去の被害体験は明らかになるだろうし，健康な対象関係希求性が見出せる場合があるだろう。そのように考えると，この命題は，トラウマ患者における対象関係希求性は病状，少なくとも精神症状，衝動性などの行動上の問題という水準からだけでは測ることができない，と言い換えるべきかもしれない。

　精神分析療法の創始によってフロイトが精神医学になし得た多くの貢献の一つに，異常とされる精神症状は深層心理学的な観点から理解可能であるという視点を与えたことが挙げられる。「攻撃者への同一化」という心理機制を先入観として持つことによって，当事者における健全な対象関係希求性の保持を見逃す恐れがあるのではないだろうか。

　また，実際の臨床例について考えると，事態はより一層複雑なものとなる。なぜなら複雑トラウマ（蓄積トラウマ：単回性トラウマのように一回起こる限りにおいては生命の危険を伴うほどではないものの恒常的に反復して経験することで複雑性PTSDのように深刻な病態を引き起こす）の多くの場合，加害者と被害者という二者的な関係の中で起こることはまれであるからである。複数の加害者が存在する場合，共謀関係の中で異なる役割を担うことが少なくない。このような共謀関係において一方を首謀者（たとえば虐待行為の実行者），もう一方を従犯者（傍観者，許容者）という定義は心理学的には簡単ではない。一見傍観者に見える加害者が実行者をたきつけ，あるいは挑発している場合もあるし，役割を交代する場合も見られるのである。さらには加害者と被害者の

関係性に目撃者の立場で立ち会わされる羽目に陥る場合もある。このような三者関係を考えると,「攻撃者への同一化」とは,実行者への同一化と限るのではなく,傍観者への同一化の問題を考慮する必要に迫られるのである。　同様に,被害者への同一化ということもあるだろう。

　このように考えると攻撃者への同一化という理解については熟慮を要する課題といっていいだろう。PTSDなどの外傷性精神障害,特に解離性障害にしばしば認められる「症状(病状)への無関心に見える深刻味を欠くかのごとき構え」についてはヒステリー概念の時代から繰り返し指摘されていた事象である。このような構えについて,傍観者への同一化という理解は可能ではないのだろうか。

　また,さきに述べた健康な対象関係希求性の保持については,「同一化」という用語を用いることに問題があると考えられる。対象の機能との関係性については,取り入れ(introjection),体内化(incorporation),内在化(internalization),同一化(identification),理想化(idealization)という多くの機制があるので,その使い分けについては配慮を要す。これは,一般化すべきではなく,事例ごとに詳細に適用し,治療的対応に活かすべきであると考えられる。

　この問題は精神病理学的には,加虐性(サディズム),被虐性(マゾキズム)のありようについて,一次性,二次性といった分類が妥当といえるかどうか,攻撃性についての理解として破壊的なものとするのか,創造性の前触れとして理解すべきなのか,さらには死の本能という精神分析学の基本命題にもかかわる問題にも及ぶ。ここまで話を広げることは本稿の目するとことではないので,トラウマ体験において,「どのような体験により,どのように影響され,どのような形で残されているか」という点を詳細に検討すべきであるということを強調しておきたい。

2) トラウマへの精神分析的アプローチにおける齟齬について

　フェレンツィは論文「大人と子どもの言葉の混乱」の中で,トラウマ臨床,わけても精神分析の視点からいくつかの重要な指摘を行っている。彼の主張は,①成人患者が示す対象希求について,想起された受身的(一次的)対象愛とみ

なすことの困難，②関連して治療者自身の分析の不足の問題，③治療者への非難，攻撃に見える同一化の問題，④攻撃者への同一化，罪悪感の取り込みの問題，⑤親の不安にさらされた子どもが精神科医になる（子どもが親の面倒を見る）という事象について，などが主なものである。

　トラウマ臨床について順を追って考えてみよう。私たちの元を訪れた人々へのアプローチの第一歩は，被害者を被害者として扱うことにある。これは社会では当たり前のことなのだが，被害というものさしを導入する以上，加害者が存在するわけであり，そこには謝罪と償いが求められる。臨床上，ここまででかなりの問題が起きる。臨床家は実際に何が起きたかの認定は困難であり，虐待などの複雑性PTSDの場合，加害者は来院を拒否し，来院しても否認することもあれば，加害の事実を認めても謝罪もなく，開き直ることもある。このような事態は治療者にとっての試練である。そこでもし，臨床家が被害の認定や，加害者からの謝罪がないことに対し，一般的な対応に終始すれば，そのような対応自体が想起を促す刺激となってしまうからである。想起が起きることは治療者にとっては重要な所見であると同時に，この体験は治療者による最初の傷つけとなることに留意する必要がある。

　それでも，先の項に述べたようにトラウマ被害者は健康な対象希求性を駆使して，傷つけられはしても治療者が適切な対象なのかどうかを，文字どおり嗅ぎ分け，治療が開始される。生育歴，病歴を聴取することはさらに困難となる。なぜなら，治療者にとっては中立的な被害歴の聴取であっても，被害者にとってはトラウマの心理的痕跡である「不適切な罪悪感」を繰り返し蒸し返されるという体験になるからであり，そこには新たな想起の刺激が続くからなのである。

　このような「齟齬」は臨床において繰り返され続ける。その都度，記憶も記録も再生され続ける。それでもなお，適切な対象を得たという実感のために彼らは耐え続ける。治療がこの困難を持ちこたえるに足るだけの関係性を持ちえるなら，今度は，被害を受けて自身の人生に積極的になれないながら治療者のもとを積極的に訪れている彼らが「愛することと働くこと」（注：フロイトが述べた健康な精神状態のありかた）の積極的な実行者となることが治療の目標になる。これは，被害者治療の（おそらく）最大の難関である。もともと積

極的だからこそ治療を続けている彼らを，社会適応の視点から「受け身的」と評価し，積極性を押し付けることによって「積極的でない（かのように見えているに過ぎないのだが）という責任」を彼らに帰すということになりかねないからである。もしも治療者がこの過ちに陥るなら，彼らは二重の傷つきを経験することになる。ひとつ目は，被害にあって人間に絶望しかかってさえ積極的に治療を続けているにもかかわらず，つまり健全な対象関係希求性を頼りにかろうじて生きながらえている（これも文字通り身体的にも心理的にも）にもかかわらず，それを当たり前のように扱われるということである。ときには，それは，フェレンツィ論文の要点①，②にあるように，健全な対象関係希求性の発露であるにもかかわらず，治療者の畏れによって，このような恋愛性転移として扱われてしまうこともあるのである。あるいは，トラウマ患者の治療でしばしば起こる治療者による境界侵犯は治療者の「誤解」が誘発された側面もあるだろう（治療者の境界侵犯については患者が抱いている絶望への躁的防衛という側面もあるにせよ，もちろんこのような行為が許されるわけではない）。

もうひとつは，社会的視点から「受け身的」と誤解され，「責任がある」とされるからである。ウィニコット[22]は，外傷体験の痕跡について，子どもの側に不必要な罪悪感と償いの存在を指摘し，それは母親の側に組織された防衛への同一化であるとした。それらを偽りの修復と名づけ，偽りであるがゆえに子どもの発達が妨げられるのだと主張している。もし患者がこのような状況に追い詰められてしまうと，彼らは当然のごとく（治療者を信頼しているからこそ）抗議するのである。抗議の仕方は加害者のコピーであるとしても，抗議そのものは正当なものである。被害者自身の正当性を認める対象だからこそ積極的に治療に参加しているのにもかかわらず，被害者の責任を惹起するからである。この状態がフェレンツィ論文における③，④である。治療者がここで抗議の仕方に加害者との同一化という「病理」を見出すにとどまると事態はさらに悪化する。今度は治療者が患者に偽りの修復と償いを求めることになってしまうからである。これが⑤である。そしてこのような経緯（名目上は治療）は，もともとのトラウマ体験の再演となるのである。この点について，米国の新フロイト派のガートナー[9]は治療者への批判的意見を述べた患者について「転移による受け止め方であっても，たいていの場合，そのもとには，治療者との関

係の何らかの真実があるということと，治療者は虐待的役割を知らず知らずのうちに演じてしまいやすく，それは象徴的な形をとることが多いが，そうでない現実の形をとるということもある」と指摘している．

3) 技法的考察

それでは，私たちはどのようにすればよいのだろうか．先の項を整理すると，
① まず第一に治療では一貫して，齟齬（食い違い）の問題を念頭に置く必要があり，
② それは，病状が激しいか，一見，穏やかに見えるかにかかわらず，丹念に齟齬について取り上げていく必要があるということである．さらに，
③ 治療者を選び，治療を続けているという患者の積極性を明確にして，
④ 罪悪感を取り込んでいる患者に向かって，積極性の発露を促すことは再演に陥る危険を伴うことから，
⑤ 積極性の回復は自発性に任せるべきではないか
ということにまとめられる．

この5項のうちの最後に挙げた積極性の回復については，厳密には自身の人生のために積極性を行使するということであり，先にも述べたように，被害の程度が重度である場合，生きていることで充分積極的であるということになるし，治療者のもとを訪れるということも相当積極的であるということができるのである．

精神分析の治療構造とはこのような作業を可能とする受け皿ということもできるだろう．先に引用したガートナーは，「私は言い争うのがとてもいやで，つらかったし，消耗したけれども，同時にこうなってよかったとも思った．というのは，口論のおかげで，我々は互いに影響を与えあうような生のぶつかり合いができたし，それを耐え抜いて，そこから成長の糧を得たからだ」と述べ，治療の機転について，「我々の生身のつながりを，基本的な虐待的ではないものを彼が受け止められた」からとしている．

このような病態への治療について，バリント[5]は主著である『治療論からみた退行』において，一次愛における二者関係の段階での傷つきと規定し，三者

関係であるエディプス水準の病態理解や治療技法では対処ができないことを指摘している。その際彼は，フェレンツィの外傷患者への治療におけるフロイトとの意見の相違として，治療上の退行の位置づけを取り上げている。つまり，退行は良性のものである限り積極的に評価すべきであり，傷つきの起きた時点への退行とその取扱いこそが真の治療的変容を起こすとする。その際，治療者が行うことは，一次愛への良性の退行をむしろ促し，理解を進めることが患者による「自発的な新規蒔き直し」を生み出すのであり，それこそが治療なのだとしている。

これらの分析家のいう「治療」とはどのような行為なのだろうか。バラット[2]は精神分析家のあり方について，自我の作業による'計算するタイプ'と，分析家と被分析者とのプロセスを共有する'かかわるタイプ'のそれぞれに分類している。前者においては他の部分やパーソナリティとは別個に分析家の専門家としての自我が働いており，後者においては分析家自身が一人の人間として，共同作業を行うとしている。クラウバー[13]は資格取得直後の技法論において，分析家の機能を明快にとらえていたが，経験を積んだ後には，理論に立脚している点では同じながらも，よりあいまいで，その分，開かれた人と人とのかかわり合いのあり方を記載している。パーソンズ[13][14][15]はこれらの論文における指摘について，「聴き方の水準」というまとめをすることで，治療者が自身の専門家としての物差しから患者を見ている状態（それぞれの前者のありよう）から，患者自身の物差しを理解しようというパラダイムの変化について述べている。同様にシュワーバー[13]は，自身の研修症例における被スーパーヴィジョン体験を下敷きとして，患者のものさしの正当性を正しく理解することが精神分析的な聴き方なのだと主張している。

これらは，彼女が指摘する患者の心の中に治療者が自己を置くこと[20]であり，一次愛の渇望から解放される唯一の方法なのだと考えられる。

Ⅲ．幸福論へ——エディプスコンプレックス再考

これまで述べてきたことを整理したい。理論的よりどころとした多くは，英国独立学派の考えである。その源流といえるフェレンツィ，バリント，ウィニ

コットの考えは基本的に外傷論から成り立っているということができる。

　フェレンツィの大人の情熱と子どもの優しさ，バリントの基底欠損は一次愛における傷つきを考察しており，ウィニコットの破綻恐怖，侵襲，偽りの自己など，外傷的な体験に関連した理論が中心といえる。それとともに，かれらは愛と幸福について様々な素材から取り組んでいる点も共通している。フェレンツィの『タラッサ』におけるエロス論，バリントの性器的同一化，ウィニコットの真の自己，母親の子どもへの原初的没頭，などなどであり，外傷論の彼岸には，愛情論，幸福論があるということがいえる。

　病理として表れるものについて，環境の失敗により傷ついたという理解にたてば，傷つきからの解放，回復が愛情の成就に向かうというのは当然の帰結ともいえるだろう。フロイト[8]の言葉を借りれば，外傷性の病理の治癒が精神分析によってその予後を保障されるレベルに達しているかどうかは，治療によって到達した自我の変容が，愛を可能とするかどうか，ということになるであろう。

　そこで，筆者の論点は，幸福論を扱うことこそ，精神分析的なアプローチで重要なのではないかということと，その困難について，エディプス葛藤の視点から理解すべきではないかというものである。手掛かりを得るために精神分析療法におけるワーク・スルーの在り方について，青年期と中年期に分けて考えてみよう。青年期の目標選択と対象選択が適応志向であるのに対し，中年期の目標選択・対象選択は充足志向という傾向がある。すなわち，青年期のエディプスは神経症的解決の余地を残しているのに対し，中年期のエディプスは神経症的な生の本能の充足はもはや困難であるということになる。それを阻害するものは，受け身性という形でおぼろげに表れる中年期の死の不安であるということもできるかもしれない。中年期のエディプスはいわゆる神経症的な形をとらず，受け身的な生き方に姿を変えるのだろう。

　この問題について，終結という観点から考えると，終結を素材にエディプスの問題を議論する際，ワーク・スルーの質の問題とは，真の自己の発露といえる親密で創造的な関係を持っているのだろうか，ということが重要な指標となるに違いない。それは，成人してからこそ到達する種類の愛というものがあるのではないだろうか，ということになるだろう。バリント[4]は1934年の，こ

れはフロイトの『終わりある分析と終わりなき分析』が書かれる2年前に先に挙げた「精神分析の最終目標」という論文の最後の一文をこう締めくくっている。「サディズムはたくさんだ，もっと愛を」と。

　精神分析に関する辞典で愛について探すと，愛，という項目は岩崎版の精神分析事典[21]に土居が説明しているが，これは一時愛，つまり甘えとの関連が主な内容である。手がかりとなるのはライクロフト[17]の精神分析学辞典であり，それには成熟した愛として，genital loveを取り上げており，これは日本語では性器愛と訳される。

　精神療法が適応の向上を目指すのに対し，精神分析が目指すところはむしろ愛情の成就であり，それは見かけ上の適応とは異なり，親密さの実現であることは重要な点と考えられる。それでは，親密さの実現とはなにを指すのだろうか。バリント[3]は，「性器愛について」という論文の中で，愛情の成就について性器的同一化という用語によって明確に述べている。

　性器愛とは，優しさと配慮と思いやりであり，パートナーの利益，願望，感情，感受性，欠点は自分自身のそういうものとほぼ同等の重要さを持っているために，どちらも，しっくりとした間柄を保つためには絶えざる努力が必要であり，現実吟味をたゆまず片時も休まずにしていなければ維持できないという。そして，「我々が性器愛と言っているものは，非常にかけ離れた要素をある形で融合させたもの，すなわち性器的満足に前性器的やさしさを融合させたものである。この融合の表現が性器的同一化である。この融合による緊張に耐えることへのごほうびがある。それは周期的に幸せなひとときを，真の幼児段階に退行して過ごせることである。現実吟味がまだないところである。それは小宇宙と大宇宙の完全な一体化を短期間ながら取り戻すことである」と結論付けている。

　バリントの考えは彼の師であるフェレンツィによる子どもの優しさと大人の情熱の言葉の混乱を基にしているのは言うまでもなく，エディプス葛藤を乗り超えた性愛の実現と前エディプス葛藤を乗り越えたいたわりのある優しさを併せもった愛情関係こそ，幸福な状態なのだとしている。このような状態をもたらす関係性の獲得は精神分析の重要な目的と考えられる。このような考えはどこまで共有されているのだろうか。

Ⅳ. ワーク・スルーについて

　それは，精神分析におけるワーク・スルーの概念をどのように考えるかということでもあろう。ライクロフトは自著の『精神分析学辞典』の中で，"時間をかけて解釈や洞察の意味するところのすべてを実現する過程"と定義し，さらに"新しい出来事に慣れること，すなわち喪失や苦痛に満ちた体験を克服すること"と述べている。

　この考えは従来の，抵抗の克服という変化（移動）のプロセスという理解より，むしろある心境に到達し，その心境の求めるものをかなえたという状況を示していると言えまいか。

　それは，「したいけれどもできない」というエディプス的な我慢（抑圧）を強いるこころの棲家から，「努力して実現する」という新しい棲家への棲み替えというべきものかもしれない。筆者がここへきて「棲家」という言葉を用いたことは読者には唐突に思えるかもしれない。筆者がこの言葉を用いる理由は，それが精神分析による治療効果についての本質と思われるからである。

　筆者がかかわってきた外傷性精神障害の治療の際に，社会の償いのなさが明らかとなる心境に到達すると，「なぜ自分の被った被害は償われないのだ」という絶望に遭遇することがある。精神分析は具体的な要望には極めて脆弱な治療手段であるといえる。それに対して，当事者のこころの痛みに共感し，理解を深めることを丹念に繰り返しているにすぎないのかもしれない。絶望的な状況にある患者に我々ができることは，シュワーバー[19]の主張する患者の言い分の正当性を正しく理解することに尽きる。絶望に対して具体的な援助をすると時には境界侵犯となることもある。筆者は問題はそこにあるのではなく，与えることが治療になるとは限らないし，理解と共感以外の何もできないところに，当事者が生き延び，成長する空間を創り出すのが精神分析なのだと考える。「したいけれどもできない」という抑圧的・閉塞的な空間（エディプス的棲家という鋳型）に，解釈という扉を与え，精神分析家という現実とも非現実ともつかない棲家の住人の存在を知るとともに，分析家という一人の人間そのものを参照する機会を得ることが，「努力してかなえる」という真の自己の発露を可能とする棲家に移り住むことを可能にするのではないだろうか。

この棲み替えは，フェレンツィが「大人と子供の言葉の混乱」で指摘したように，治療者自身の棲み替えができているかどうかによって可能となるのだろう。つまり，どこまでが固有の空想世界におけるエディプス的限界なのか，治療者に判断できない領域を残す可能性があるということである。

ガントリップ[10]は以下のように述べている"今や我々は，人間にとっての主要問題は，自己の宇宙的な物的な環境を理解し，支配することにはなく，むしろ，いかにして自分自身を理解するかであり，自己充足的でしかも他者をも充足するような人生を生きるために，我々はお互いにどのように助け合うことができるのだろうか，にあることがはっきりしてきた時代に到達しているのである"（p.173）。

これは，精神分析療法におけるワーク・スルーとは人生のワーク・スルー（成就）であるということであり，そこでは，治療者も患者も一人の人間なのである。私たち治療者が治療者であり続ける限り，相手の心の中に身を置くことによって人を理解するという作業を続けるのである。

V. おわりに——現代日本心性における破綻恐怖

本稿では，外傷性精神障害の治療について論ずることから，重篤な傷つきを抱えた患者の治療に際しては，分析家は人としてかかわることが求められるし，外傷への精神分析とは，治療者が全身全霊を傾けて患者の語る世界を徹底して理解することに尽きることを指摘した。

また，外傷論的な人間理解は，愛情のワーク・スルーに集約される幸福論へと導かれること，このような状態を患者の選択肢に加えることこそ，精神分析がこの混とんとした現代においてなお重要性を失わず意義を持つ理由なのだと主張したい。

このような視点から考えると，日本の現代社会が抱える一つの問題点が浮かび上がってくるように思われる。それは，戦争体験をどのように受け止めるかであり，さらにいえば明治維新以降，社会文化的変化が十分に咀嚼されているのかという問題である。第2節で展開した外傷論について，子ども（被害者）を従来の日本社会が当時の欧米の帝国主義に暴露された存在と置き換えてか考

えると,日清・日露,第二次世界大戦に至る「攻撃者への同一化」の問題は現在にどのように尾を引いているのだろうか。臨床例を挙げる。

E女は小児期以来,父親による性的裏切り,暴力および恫喝にさらされ続け,複雑性PTSDを発症し長期にわたり治療を受けている。社会的評価の高い父親は,小児期に捕虜生活を終えて生還した祖父に帰国直後からいわれなき暴力を受け続けた。その後祖父は精神の平衡を乱し他界したが父親の問題は母親によって制止されることはなく,むしろ焚きつけられたふしもうかがわれる。E女は著しい対人恐怖を発症し,成人後精神病状態を来たしたが,その多くは両親の複雑な関係性にさらされた小児期の破綻に由来する破綻恐怖[23]であると理解された。このような例は特殊な例であるかもしれない。しかし,現実の臨床家として筆者は日本の症例には極めて頻繁に破綻恐怖が見出されることを経験している。そこに,破綻とは何か,という問いを投げかけたい。それは歴史的な破たんであるかもしれないし,伝統的な「川の字」で添い寝する子どもにとっての原光景であるかもしれないのである。われわれは日常接している患者についてそれぞれの影響を受けていないと言い切れるのだろうか。現在日本社会を揺るがしている児童虐待は大量殺りくをもたらした戦争の世代間連鎖として,自殺問題はD女のように「困難を抱えて自殺したくなるような精神科医の心境でいた」からとは考えられないだろうか。

シュワーバー[19]は,精神分析家であることの賜物とは,患者についてはもちろん,私たち自身について理解を深めることであり,それは患者を通してすべての分析経験が分析家自身について知りたくない,目を向けたくないことを分らしめるからである,と述べている。

今こそ我々は眼を見開き,耳を澄まし,訴えを真摯に聴くべきではないのだろうか。このような問いかけをもって本稿は閉じなければならないのである。

参考文献

1) Allen, J.G. (1995) Coping with Trauma. American Psychiatric Press.(一丸藤太郎訳:トラウマへの対処.誠信書房,2005.)
2) Barrett, B. (1994) Critical notes on the Psychoanalyst's theorising. Journal of American Psychoanalytic Association 42:697-725.
3) Balint, M. (1947) On Genital Love. In:Primary Love and Psycho-Analytic Technique. Karnac, 1985.(森,枡矢,中井訳:性器愛について.一次愛と精神分析技

法. みすず書房, 1999.）
4) Balint, M. (1934) The Final Goal of Psycho-Analytic treatment. In:Primary Love and Psycho-Analytic Technique. Karnac, 1985.（森, 枡矢, 中井訳：精神分析の最終目標. 一次愛と精神分析技法. みすず書房, 1999.）
5) Balint, M. (1968) The Basic Fault. Routledge.（中井久夫訳：治療論からみた退行. 金剛出版, 1978.）
6) Ferenczi, S. (1933) Confusion of Tongues between Adults and the Child. IJPA 30, 1949, p.225-30.（森, 大塚, 長野訳：大人と子どもの間の言葉の混乱──やさしさの言葉と情熱の言葉. 精神分析への最後の貢献──フェレンツィ後期著作集. 岩崎学術出版社, 2007.）
7) Freud, A. (1936) Das Ich und Abwehmechamismen. Internationaler Psychoanalyticher Verlag.（外林大作訳：自我と防衛. 誠心書房, 1958.）
8) Freud, S. (1940) An Outline of Psychoanalysis. The Standard Edition of the Complete Works of Sigmund Freud, vol. XXIII. Hogarth Press.
9) Gartner, R.B. (1999) Betrayed as Boys: Psychodynamic Treatment of Sexually abused men.（宮地尚子ほか訳：少年への性的虐待. 作品社, 2005.）
10) Guntrip, H. (1971) Psychoanalytic Theory, Therapy and the Self. Basic Books.（小此木啓吾, 柏瀬宏隆訳：対象関係論の展開. 誠信書房, 1981.）
11) Klauber, J. (1981) Difficulties in the Analytic Encounter. Aronson.
12) 奥寺崇（投稿中）心の棲家──外傷体験のもたらすセクシュアリティへの影響について.
13) 奥寺崇（2008）精神分析との邂逅. 学術通信 88. 岩崎学術出版社.
14) Parsons, M. (2000) 独立学派の技法と発達理論. 精神分析研究 42(3):68-83.
15) Parsons, M. (2000) The Dove that returns, the Dove that Vanishes. Routledge.
16) Parsons, M. Personal Communication.
17) Rycroft, C. (1968) A Critical Dictoinary of Psychoanalysis. Penguin Books.（山口泰司訳：精神分析学辞典. 河出書房新社, 1992.）
18) Schwaber, E.A. (1983) Psychoanalytic Listening and Psychic Reality. Int. Rev. Psycho-Anal. 10:379.
19) Schwaber, E.A. Personal Communication
20) Schwaber, E.A. (2007)（土居健郎訳：聴くための終わりなき努力──他者の中に自己を置くこと. 精神分析研究 51(1)67-77.）
21) 小此木啓吾編（2002）精神分析事典. 岩崎学術出版社.
22) Winnicott, D.W. (1948) Reparation in Respect of Mother's Organized defence against Depression. In:Through Paediatrics to Psychoanalysis. Karnac, 1958.（北山修監訳：母親の抑うつに対して獲得された防衛という観点からみた償い. 小児医学から精神分析へ. 岩崎学術出版社, 2005.）
23) Winnicott, D.W. (1963) Fear of Break Down. In:Winnicott, C., Shepherd, R. & Davis, M. eds. Psychoanalytic Explorations. Karnac, 1989.（西園昌久訳：発狂恐怖. 英国独立学派の精神分析. 岩崎学術出版社, 1992.）

6. 精神分析という治療文化
——精神医学的治療文化と精神分析的治療文化

権　成鉉

真理は太ったブタと痩せたソクラテスの間にある
——在野の哲学者のことば

I. はじめに：なぜ治療文化なのか——文化が問題になる時

　精神分析という治療文化が問われるのはなぜであろうか。我々がこれを問題にすることの背後にあるものは何であろうか。また，このような問題提起は，この国の問題なのであろうか。洋の東西の治療に対する接近について述べられているものはあるが，寡聞にしてこの国以外で，「治療文化」なるのもが問われていることを私は知らない。

　「先生，それは趣味ね」と，開業しても精神分析治療を実践している私にある精神科医が言い放ったことがある。この精神科医は精神分析的な立場に立つ人であったので，私は違和感を持った。この私への揶揄ともいえる言葉の内実を考えることで，精神分析という治療文化がこの国で問題になる意味が分かるのではないか。すなわち，精神分析における治療文化が問われる理由の一つに，この「精神分析趣味論」があるのかもしれない。

　精神分析的治療文化が問題となる別の理由は，おそらく，わが国の精神医学の歴史における精神分析の位置が，精神分析を志向する者にとって不安定で，安住の地ではないからではないだろうか（もっとも安住の地があるかどうかは，別の問題ではあるが）。伝統的精神医学の立場から治療文化の問題を問うていることはないようである。例えば，精神病理学の治療文化的意味を考える，などという問題提起を私は知らない。

伝統的精神医学と言われるものは，明治以降のドイツ医学の輸入に始まる。それは記述精神医学，精神病理学といわれるものである。一方精神分析のそれは決して新しいものではないが，精神医学界，特に大学講座としての精神医学に受け入れられてきたとは言い難い。いわば，異端児のようなものである。精神医学に限らず，医学の分野が大学医学部を核として構成されているという現実は，現在でも大きく変わっていないように私には思われる。このために，例外はあるにせよ，世間でいう権威あるものに属していないという問題のために，この国での精神分析家は，自らの立ち位置を，常に検証していないと足元を見失うという慢性の不安を抱えているのではないだろうか。

いま一つ精神分析がこの国で安住の地を得ない理由の一つが，訓練の問題にあるように思える。国際基準にそった訓練は，訓練分析を2年以上，2年以上治療を継続できた症例のスーパービジョンを2例，セミナーの参加，と時間的，経済的に大きな投資を自らに課すことになる。また，日本精神分析学会の精神療法医，心理療法士の認定でも，ここまでの時間的，経済的投資はないにせよ，訓練の問題は同様にある。このような訓練を全うして国際精神分析協会の認定の分析家，もしくは日本精神分析学会の認定の治療者になったとしても，この国で何か実利的なメリットがあるかどうか問うた時に，躊躇なく肯定的な返答が出来るかどうか疑問である。実利的な面，すなわち，一般診療での経済的な実利は，この国の医療保険制度を考えた場合に，皆無であるといってもいい[注1]。

先の「精神分析趣味論」に立ち返ろうと思う。実利的なものをもたらさないものは，趣味ではある。経済的な実利的側面だけを考えれば，このことは事実で，正しい。にも関わらず，なぜ我々は精神分析を志向するのか。言い換えると，精神分析という治療文化の中に身を置き，置き続けようとするのか，である。

私は上記の問いを心に抱きながら，精神分析という治療文化について語りた

注1）国民健康保険で，一般診療での「在宅・通院精神療法」は330点，標準型精神分析療法は390点である。例えば，1時間という時間を考えた場合，分析治療では390点（3900円）であるが，一般診療で6人診るとすると，1980点（19800円）である。現在は予約料という形で精神分析療法への加算が可能ではあるが，実利的面ではその差は歴然である。

いと思う。そして，精神分析という治療文化に身を置き続ける自らを，自己検証をすることで，この章を読んで下さる皆さんに，その治療文化的意義を伝えることが私の意図するところである。

II. 精神分析という治療文化が包含するもの

　精神分析治療が他の精神療法との違いを際立たせるのは，無意識の存在を前提にしていること，転移 - 逆転移を治療の中心に考え，解釈を通じて，患者が分析治療をワークスルーすることを援助することである。この治療過程の外的な枠組みとして治療時間設定，セッションの回数などの治療構造がある。この治療構造については小此木の治療構造論[1]がある。輸入文化としての精神分析を考える時，この治療構造論は極めて重要な枠組みをこの国の精神分析という治療文化に提供している。文化という脈絡でこの治療構造論を考えると，それはフロイトが指摘した文化が奉仕する2つの目的の1つである，対人関係の相互交流を規制することといえる。フロイトは「分析医に対する分析治療上の注意」[2]の中で，熱心な若い分析医の侵す弊害や教育的な活動の問題について述べ，これらを戒めている。小此木はフロイトのこのような態度を「医師としての分別」として重要視している。

　「分別ある」治療環境，治療的対人交流の中で，患者の心の成長を促すことも精神分析的治療文化のもつ特徴である。分析空間における分析医との交流についてウィニコット[3]は，母子関係における文化的経験として考察している。彼が提唱した有名な概念である，移行空間，移行対象である。

　上記のフロイト的治療文化，ウィニコット的治療文化について北山[4]は，前者を父親コンプレックスや三角関係の分析に基づくこと，後者については，母子関係という二者関係で育まれるものと述べている。精神分析という治療文化が包含するものは，これらの「フロイト的治療文化」，「ウィニコット的治療文化」である。

III. 精神医学的治療文化とは

上記精神分析的治療文化から離れた場合の精神医学的治療文化とは、どんなものであろうか。「献身的医師」としての精神科医、それを希求する治療文化であろうか。大部分の精神科医が大学病院、もしくはその関連病院で精神科研修を始めるのは、私が研修医であった時代も現在でも大きな違いはない。そこでは前述した精神分析認定ほど厳格ではないが、一応の研鑽が求められる。また最近では、精神神経学会の専門医制度や精神保健指定医などの資格がある。これらは、いわば内科医や外科医のそれと変わりがないと思われる。というのは、私が研修を受けた施設は、当時としては珍しく他科への研修が必須であった。このような治療文化は、私が研修を受けた内科系と外科系のそれぞれの病棟で経験したものである。

一つのエピソードを紹介する。上記の他科での研修中、私はある患者の受け持ちになった。慢性疾患のためにその患者は寝たきりであった。私は夕方の回診を終え、付き添っている家族に挨拶をして、バイタルも問題ないために病院から離れた。翌日私は指導医から「いつ急変するかも知れない患者のために病棟に残らないとは何事だ」と叱責された。私は釈然としない思いを抱きながらも、この科の研修期間中は指導医の方針に従うようにした。釈然としない思いというのは、システムとして夜間の患者の急変他の問題は当直医が対処することになっていたからである。この病院の研修医であった私は、ファースト・コールの当直医として、夜間当直もしていた。誤解が生じると不本意であるので断りたいが、昨今問題になっている、時間になったからと患者の診療他を中断して仕事を終える医師のように、私は病棟、病院から離れた訳ではない。

一般医療現場と同様に精神科でも、求められたのは昼夜問わず、患者のために仕事をする「献身的な医師」である。言い換えると、病院全体としてのシステムに従って——この場合には夜間当直のシステムである——仕事をするのではなく、患者との二者関係だけで、献身的に仕事をすることが求められているのである[注2]。

注2) 薬師寺官主が「病人を治すために懸命に働く医師の姿」を薬師如来に例えている。理想化された医師像といったら言い過ぎであろうか。

一方患者に求められるものは,「病人」であることである。そこでは,心の成長,発達は期待されていない。一つの例を挙げれば十分であろう。「精神科」入院治療での服薬時間である。看護師が時間になると,各部屋を周り,患者の口を開けさせ,服薬させる。まるで親鳥が雛鳥に餌を与えるように,である。服薬の必要性,自らの病について話し合い,理解を進めることは,そこではない。

Ⅳ. 精神医学的治療文化と精神分析的治療文化との異同

医学全般,そして精神医学的治療文化の中で求められる「献身的な医師」について考えたい。医師は,意識的,無意識的に万能的に振る舞うように教育される。そして患者への情緒的な反応,特に否定的感情を持つことは禁忌である。語弊があるかもしれないが,物事を分かりやすくするために,極論をいうと,「献身性」というプログラムがインストールされた「医療ロボット」のように振る舞うことを期待される。また患者も同様に,無力で,自らの問題を考える能力などない「患者ロボット」であることが期待されている。

「医療ロボット」と対極にあるのが,精神分析的治療文化の中の治療者である。この文化の中では,「治そうとしすぎること」や「献身的な医師」の弊害が指摘されている。後者について以下のようなことが言われる。それは,患者に対する,憎しみや嫌悪感などの否定的感情からの防衛(反動形成)の結果である。前者については,治療者の治そうとしすぎる思いが,患者が自らの問題を考え,自立する機会を奪う,というものである。

ここで,ビオン[5)6)]の集団理論の視点から,両者の治療文化を考えてみたい。ビオンは集団を作働集団と基底的想定集団に分類した。前者は,課題にそって機能している集団であり,後者は課題にそって一見機能しているようにみえるが,機能していない集団である[注3]。この中で,教会や軍隊,貴族集団について述べている。これらの集団は「特殊作働集団」と呼ばれる。これは,社会がある制度を保持するために,無難な方法で,基底的想定集団のある役割を担う

注3) ビオンの集団理論の,作働グループ,基底的想定集団,特殊作働集団については,参考文献5),6),21),22)を参照されたい。

集団を作り上げる，というものである．そこでは，発達は要求されないし，現状維持のための方策が取られている．教会は依存的基底的想定集団に，軍隊は闘争-逃避集団に相当する．では，伝統的精神医学的治療文化のもつグループ文化とはどんなものであろうか．

医局と医員の関係，そこでの出身大学の問題，教授を頂点としたピラミット組織，病棟では医師を頂点としたそれ，これは依存的基底的想定集団とつがい基底的想定集団からの特殊作働集団である．個々人の意見の相違と発達，患者の心の発達，自立は要求されない病棟である．その中では，人はロボットのように振る舞うとビオンは述べている．

精神分析的治療文化では，医師，治療者は生身の人間であることが大切とされる．用語を使えば，逆転移感情である．否定的なそれも肯定的なそれも患者の理解の素材として重要視される．後述する入院治療で述べるが，治療集団は作働集団と基底的想定集団の間を揺れ動くのが常である．

最後に，教育システムについて触れる．精神分析的治療文化の中では，スーパービジョンという形で，決まった日時に症例について検討される．毎回が症例検討会のようなものである．その一方で精神医学的治療文化の中では，例外はあるかもしれないが，私が見聞した範囲で，そのようにシステムとして教育はなされていない．相談したい時に研修医が指導医に相談する，指導医のするように振る舞うなどである．

精神分析的治療文化でのスーパービジョンは通常週1回である．例えば水曜日にスーパービジョンが持たれているとすると，翌日の木曜日から火曜日まで，スーパーバイジーは自分で考え，学習し，患者と治療をしなければならない．この木曜日から火曜日の間の時間が研修医の成長のために，大変重要であると思われる．患者との出来事，問題を心に抱え，温める時間といってもいい．言い換えると，ビオンのいうコンテイナー機能を発達的に高める時間である．このような精神療法における訓練の問題については岩崎[7]の論考がある．

V. 入院治療における精神医学的治療文化と精神分析的治療文化
—— "Shall we ダンス？"

入院治療について，精神医学的治療文化と精神分析的治療文化を比較して考えてみたい。"Shall we ダンス？"は草刈民代が主演した映画である。彼女のような女性にダンスを申し込まれて，断る男性は相当の変人か，女性恐怖症の人であろう。しかしながら，精神分析的治療文化内では，変人呼ばわりされようとも，断固として断らなければならない。その一方，精神医学的治療文化ではどうであろうか。医師も看護師も「献身的な医療従事者」としてダンスを踊るのではなかろうか。また前述したようなこのプログラムが破綻した時には，険悪な治療関係に陥る可能性もあるのではないだろうか。

なぜ断らなければならないのか。転移 - 逆転移，患者の治療者への投影性同一視と，それに反応する治療者側の投影性逆同一視の問題を評価するためである。患者からのダンスの誘いにのってしまうと，それらの治療関係の評価が困難になる。ここで，精神分析的治療文化における入院治療の歴史などを簡単に概観する。

精神分析的な入院治療文化はジンメル (1929)[8] やメニンガー (1939)[9]，カーンバーグ (1976)[10] の理論と臨床実践を経て，現在は転移 - 逆転移モデルがギャバード (Gabbard 1994) によって提唱されている。この歴史的発展での大きな転換点はカーンバーグによる対象関係論の入院治療への導入である。また本邦では岩崎[13)14)] の展望をもとに入院治療の精神力動的な実践が報告されている。

ギャバード (1988)[11] は従来いわれていた「精神分析的」入院治療という用語よりも，「精神分析的な方向性をもった (psychoanalytically informed)」入院治療という用語の方が，日々の入院治療の実践のためには適切であると述べている。その理由として，彼は精神分析的な評価に基づいて，介入はするが，それが常に精神分析でいう解釈とは限らないし，時にはそれを控える方が治療的であるからと，注釈している。そして精神分析的文化の中での入院治療のモデルを歴史的に振り返り，精神分析を受けている患者の容器という考えが第1のモデル，第2のモデルは，環境としてのスタッフとの相互関係が焦点になる

もの,この脈絡から,第3のモデルとして彼は,入院環境の中での患者の内的対象関係の再現を治療的に扱うものを転移-逆転移モデルと位置づけた。この第3のモデルにおいて,入院治療で患者が彼らの家族状況での環境を反復する傾向があり,その理解には分裂と投影性同一視が重要としながらも,内的な対象関係の反復に関係する以下の4つの要因を挙げている[12]。それらは,(1)受動的に経験した外傷の能動的克服,(2)愛着の維持,(3)援助の叫び,(4)変容願望,である。また,入院治療における投影同一視と治療構造の問題については狩野(1990)の論文がある[14]。特に狩野は患者やその家族から発せられる「入院してどんな治療をするんですか？」という質問に窮する精神科医としての経験を軸に,入院治療における投影性同一視とその現象について記述している。それらは,(1)治療目標をめぐる葛藤,(2)患者になることをめぐる葛藤,(3)症状をめぐるもの葛藤,である。また,患者の投影性同一視に対する治療者スタッフ側の対策として,(1)病院や病棟の治療理念の明確化と治療の構造化,(2)スーパーバイザーの役割,(3)スタッフの学習の場を挙げている。

　精神分析的治療文化における入院治療を以下のように言い換えてもいいかもしれない。フロイト的文化という枠組みの中で,患者と献身的,情熱的にダンスを踊るのではなく,踊りたくなる気持ちをウィニコット的治療文化の中で抱え,理解する文化であると。このような視点を小此木[1]は,治療構造の現代的課題として,父性的な機能から母性的機能へ,と大きな転回が起こっていると述べているが,今日的には,この両者を備えもつものが,精神分析的治療文化であると思われる。

　私は経験の浅い時期に入院治療で精神分析的精神療法を実践していたことがある。先のギャバードのモデルでいうと,第1のモデルである。とはいっても当時勤務していた施設の病棟の治療・看護体制がその分析治療を受け入れる容器としての機能を果たしていたかというとそうではない。事の是非は別にして,伝統的な精神医学的治療文化の病棟であった。その中で,私一人が力んで治療をしていただけである。四半世紀も前になるが,30代半ばの強迫性障害の女性と男性,10代後半の思春期境界例の女性,20代前半の不安神経症の男性,そして精神分析的な集団精神療法である。総じて言えるのは,神経症水準の病態にある症例では,転移神経症が進展して病状は軽快するが,ある時期から行

動化も激しくなったという経験を持つ。私は自分の技量他の問題と考えていたが，実は入院治療で個人精神療法医と主治医をかねる事がいかに困難な問題を引き起こすかについて考えが及ばなかった。この問題について個人精神療法が中心の入院治療から，病棟主治医としてのマネージメントへと治療の主眼を移した問題について考察したことがある[16]。

　しかしながら，今思えば，それはある意味で単純なことである。例えば患者が自由に語る内容が病棟の行動制限の問題に触れるとする。精神療法場面では，それを受け入れながら聞き，主治医という立場ではそれを禁止，もしくは入院の責任水準を変更することになる。患者からすると，詐欺師にあったようなものである。つまり「自由に話してください，でも主治医の役割に戻ると禁止しますよ」では患者にダブル・メッセージを送っていることになる。これでは患者の病状が一時よくなったとしても，悪化するのは当然である。当時は盲目的に精神分析的個人精神療法を信奉していたため，私は行動化が激しくなる患者に対して，八方塞がりになった。こんな状況の時にあるご縁で当時東海大学精神科に在籍されていた狩野力八郎先生に出会い，入院治療についてスーパービジョンを受ける機会を得た。知的に理解しているつもりであったこととは別の次元で，この経験はまさに「目からうろこが落ちる」経験であった。当時の東海大学は岩崎徹也先生が教授で，日本の医学部で精神分析を柱とする数少ない施設であった。ここでの経験が後の私の精神分析という治療文化に身を置くことになる大きな契機を与えてくれたことになる。そして私はメニンガー・クリニックに留学することが出来た。

　以下に紹介する入院治療はこのような経験を得た後のものである。

1) 入院治療における精神分析的治療文化の黎明期：治療集団と基底的想定の問題

　病棟主治医，病棟責任者として入院治療で精神分析的治療文化を育み，発展させた経験を私は持つが，その第一段階として入院を単なる収容施設ではなく，患者の心的発達を促す環境，文化を提供するように組織化した。一つの例は前述した，服薬の問題である。それまでは看護師が時間になると，各患者に食後薬や眠前薬を配り，服薬を確認していた。この看護業務が意味するものは，患

者には自ら服薬の判断をし，服薬する能力はないという前提にたっているもののように私には思えたので，スタッフミーティングで検討，話し合った。その結果，入院後，ある期間を経て，患者との話し合いが持たれた後には，服薬を患者の自己管理とすることが決まった。話し合いの最中には，看護スタッフから反対意見も出た。表面的な理由は患者にはそのような能力はない，責任をもつことが彼らに出来ないというものであった。しかしながら，私には患者への「献身的なお世話」を象徴する行為を失うことへの彼らの不安があるように感じられた。このことを彼らに伝えたかどうか今となっては記憶がないが，彼らは私の提案に同意し，患者の服薬方法が変わった。

他に看護スタッフが行っていた「申し送り」を主治医が参加するスタッフミーティングに組織化し，運営するようにした。このスタッフミーティングは3つの機能を持っていた。それらは，治療・看護計画検討，患者の病棟生活に関する入院治療・看護過程検討，そして転移－逆転移検討であり，曜日によって決まっていた。

組織化は作動集団の一つの機能であるとビオン[5]は考察している。私は当時ここまでの理解はしていなかったように思うが，組織化の必要性は前意識的に感じていた。組織化されたスタッフミーティングを中心とした入院治療が実践されるようになり，治療スタッフと患者という治療集団に起こる問題を検討，吟味し，患者の心的発達を促す環境，治療文化を提供できるようになった。この精神分析的治療文化形成過程で観察された，治療集団の問題は以下である[17]。この段階ではまだ患者とダンスをしていたのである。

患者を含めた治療集団に出現する集団力動：基底的想定集団
　① 「陰にこもる感じ」のスタッフミーティング：依存集団
　② 「言った，言わない」という情報交換の混乱：闘争－逃避集団
　③ 「あなた任せ」になった治療集団：つがい集団

2）転移－逆転移モデルという治療文化

前述したように，精神分析的治療文化においては，転移－逆転移が治療的に重要な意味を持つ。以下の症例は，入院治療で，逆転移からの治療者側の行動化，つまり患者とダンスをする，しないという問題を明確にするためのもので

ある。患者は神経性無食欲症である。

(1) 患者の背景，病歴

患者は両親と同居している20代後半の女性である。父親は製造業に勤務する会社員，母親は専業主婦で共に50代後半である。この母親は結婚前美容関係の仕事をし，独立したが経営が上手く行かず，その頃「自律神経失調症」で精神科に通院していた。年齢があまり離れていない妹は医療関係職であるが，学生時代に神経性無食欲症となり同じ施設での治療歴がある。しかし現在は問題なく結婚し，一児の母となっている。母親は何かと患者の生き方に注文をつけるなど支配的で，患者も不満を抱きながらそれに従っていた。父親は休みの日には自分の趣味に没頭し家族をかえりみることは少ない。患者は頑張り屋，負けず嫌いで高校卒業まで特に問題になることはなかった。大学は関東の芸術系の大学に合格したが，母親は経済的理由から反対し，患者は地元の女子大に入学した。

希望の大学に入学できなかったことで患者はひどく落胆した。入学して間もなくダイエットをし，60kg近くあった体重を40kg半ばとした（身長156cm）が，ダイエット，過食，嘔吐を繰り返すようになった。また過食がひどい時には大学の講義に出席できずしばしば休んでいたが留年することなく卒業した。卒後，地元で有名な企業に就職した。1年位して仕事ができるとの評価から一部責任を任された。その頃より食事が取れなくなり，体重が30kg前後，無月経となった。しかし受診することなく，小康状態となり，仕事も続けた。就職して5年目の春，妹が結婚。この頃より再度拒食，嘔吐，過呼吸発作，不眠が出現し，体重が30kgを割ったため，内科受診，摂食障害を疑われて，精神科に紹介され，X年の夏初回入院となった。治療経過①は他の医師が主治医，治療者をしていた時期，②は私が入院治療の主治医として関わった時期である。

(2) 治療経過

①個人精神療法中心の治療：初回入院は約3カ月間で治療者は患者と同世代の女性であった。また，この初回入院は個人精神療法が中心であった。患者は入院後間もなく無断離棟，手首自傷などの行動化と，治療者や経験の浅い看護師への攻撃を頻回に繰り返すようになった。その結果，治療チームは患者の扱いをめぐって分裂，入院治療は混乱し，退院となった。その後，紆余曲折はあ

ったが，再入院となり，この女性治療者が退職するX＋2年の春先には，行動化は減少し，落ちついた病棟生活であった。しかし，治療者の退職が伝えられた頃より見捨てられ不安が語られ，過食，嘔吐，他の精神症状が悪化した。退職した女性治療者から交代した治療者も患者と同世代で，男性であった。患者は，前の治療者と比較し，微妙な治療方針の相違などを取り上げ彼を攻撃した。また無断離棟なども頻発するようになり，治療状況は再度混乱したものになった。治療者交代から約半年後行動化が軽快しないために患者，治療スタッフは話し合い，結局退院となった。退院後はこの治療者から外来で週2回の個人精神療法を受けていた。

　X＋3年の春になり，それまではあまり気に留めていなかった夜間の過食後の健忘や自分自身が遠くに感じるという離人症状を心配し始め，入院を自ら希望した。しかし頻回の行動化，スタッフへの激しい攻撃や分裂が繰り返されるのではないかと危惧した治療者は私に入院の適応他のコンサルテーションを依頼して来た。私は外来で患者と家族に会い，入院の目的や期間，治療設定について話し合い，その結果を治療者と協議し入院を決定した。そして入院にあたって，個人精神療法は外来治療者が継続して行い，入院では私が主治医となることを決めた。A-Tスプリットの導入である。そしてこの方針を，患者と家族にも伝え，3回目入院となった。

　②主治医によるチームアプローチが中心の入院治療：3回目入院時のDSM-IV診断―第1軸：排泄型の神経性大食症，解離性健忘，離人症状，第2軸：特定不能の人格障害（境界性人格障害，演技性人格障害，依存性人格障害の傾向），第3軸：低カリウム血症と歯牙先端浸食症（自己誘発性嘔吐による），第4軸：妹の結婚を契機に明確になった同胞葛藤，支配的で干渉的な母親との問題，精神療法家からの見捨てられ不安，第5軸：入院時過食のために就労できず，友人関係も希薄であったため機能の全体的評定は50。

　患者を中心とした入院治療設定として，週1回の患者，受持ち看護婦，主治医によるミーティング，朝・夕の主治医の回診，「部屋回り」と称する看護婦との1日1回の病棟生活を中心とした話し合い，外来から継続する週2回の精神分析的的個人精神療法，毎日のリハビリテーション療法が構造化された。また過去2回の入院治療で問題となった行動化を評価するために入院当初の患者

の行動範囲は病棟内，過食の問題を同様に評価するために食事に関しての制限は特に設けなかった。一方スタッフ側は，ミーティングで，患者についてのスタッフ間の情報交換，治療・看護方針，転移-逆転移，治療集団内の集団力動の検討，評価することがこの患者でも行われることが確認された。

　入院日には両親とともに患者は来院した。担当看護師と主治医は，入院前に外来で話し合われた治療設定を両親，患者と共に再確認した。この確認作業の途中に過呼吸発作が出現した。主治医は少し様子を見た後に，「大切なことだから」と発作を起こしている患者に伝えるとこの発作は消失した。

　このような入院にあたっての治療契約を確認した後に，多職種によるチームアプローチを中心とした入院治療が開始された。前述したような目的のために，食事については特に制限はなく，自由であった。すなわち，主食，副食を自由に食べ，残したいものがあれば，残してもかまわず，逆に病棟生活のどんな場面で過食衝動が高まるかを検討するように構造化されていた，ということである。ところが入院して2週間程経過した時に患者が副食を主食に隠すという行為を繰り返していることが，情報交換のミーティングである看護師から報告された。この時の看護師の報告には「患者が何か悪いことをしている」といった意味合いが含まれていた。一瞬チームは「あっけに取られた感じ」になった。主治医である私も「何とも形容しがたい感情」におそわれたが，患者の食事については何も制限のないことを再確認し，このミーティングを終えた。しかし患者はこの食事中の行為を繰り返していた。入院治療の食事に関する患者との話し合いで，副食を食べたくなかったら，残しても構わないという構造設定にしてあったにもかかわらず，このような行為，行動化を繰り返す患者に主治医も次第に「何をしているのか」と思わず朝，夕の回診で叱責したくなった。この私の逆転移をスタッフミーティングで他のスタッフにも伝え，検討した。するとこのような患者を叱責したくなる逆転移が，チーム全体に浸透し始めていることが確認された。この叱責したくなるという逆転移反応を引き起こしている治療関係を明確にし，取り上げないと更なる行動化が出現すると主治医は判断した。具体的には，以前の入院治療で見られた，無断離棟，自傷行為，治療スタッフへの激しい攻撃などである。そして，この主治医の理解，治療方針を治療スタッフに伝えた。

患者を含めたミーティングでこの摂食の問題が扱われた。具体的には「まるでスタッフに叱られたがっているみたいだ」と患者に伝えられたことである。すると患者は叱責されないと見捨てられているような気持ちになることや，前回の入院のように外来の精神療法医が入院の主治医もしないことで，同様な気持ちを持っていることが話され，理解された。その後，繰り返し，この問題が話し合われ，次第にこの食事の問題はなくなり，様々な症状は軽快傾向に向かった。入院5か月後，退院を直前に，退院させられるという不安が語られ，過食が悪化した。しかし見捨てられ不安から過食が出現している可能性が話し合われ，問題は収束し，6か月後に退院となった。この入院経過全体を通して，過去2回の入院のような激しい行動化は出現することはなかった。

(3) 考察：ダンスの誘いには乗らなかったか？

3回目の入院で激しい行動化の出現を防止できた要因にA-Tスプリットを導入したこと，入院の治療設定に責任水準システムを使用し，構造化したことが挙げられる。これらの要因は従来指摘されていることである。入院環境をこのように構造化した中で患者と治療集団にどのような転移・逆転移関係が進展して行ったかについて治療経過を提示した。結論から述べると，叱責されたいという転移（ダンスの誘い）と，叱責したくなるという逆転移から，叱責してしまうという治療集団の行動化（ダンスを踊る）は起こらなかったといえる。

患者の食事に関する責任水準は自由であったので，副食を食べても食べなくても何も問題はなかったのである。しかしながら，患者はまるで制限が加わっていて，副食を残すと咎められるので，主食にそれ隠すという行為を繰り返した。これは入院の治療構造に対する患者の転移，行動化である。この転移，行動化に対する逆転移を主治医，治療スタッフがミーティングを通して，どのように把握，理解し，治療的介入に結びつけたかについて述べる。

始めに一人の看護師がこの行動化に気付き，スタッフミーティングで報告した。患者と同様にこの看護師も食事に制限があり，その制限に患者が従っていないかのような報告，すなわち「患者が何か悪いことをしている」という意味合いを込めて報告した。この報告を聞いた時に，この意味合いについて，この看護師が患者に対して懲罰的な逆転移感情を抱いていると感じた。投影性同一視と投影性逆同一視という脈絡から考えると，患者の懲罰的な対象がこの看護

師に投影性同一視され，看護師は投影性逆同一視したのであった。またこれは，ラッカー（1968）[18]のいう治療者側の補足型同一視でもある。その一方で，主治医である私はというと，この看護師からの報告があった時に治療チーム全体を襲った「あっけに取られた感じ」や私自身が感じた「なんとも言い難い感情」を吟味せず，食事制限が自由であることだけを確認して，ミーティングを終わらせてしまった。

　この日は患者の病棟での行動や経過を話し合う，情報交換が目的のミーティングであったため，逆転移の問題が検討されなかったという面はあった。しかし，問題は私が主治医（特にこの場合にチームリーダー）としてとった行動，すなわち，食事制限の確認だけをしてミーティングを終わらせてしまったことである。今に思えば，上記のチーム全体の雰囲気や私の情緒的反応を明確にして，次の転移-逆転移ミーティングに繋げることも出来たはずである。しかし私はそうはしなかった。このことが後述する患者と主治医の転移-逆転移関係を進展させたようである。

　チームリーダーとしての主治医の問題以外に，看護チーム全体の問題もあった。言い換えると，看護チーム全体の雰囲気が，ミーティングを終わらせた主治医の行動を誘発させた可能性がある。「あっけに取られた感じ」に触れることを避けた何かである。おそらく，過去の入院で経験された頻回の行動化に看護チームは辟易していたため，この感じに触れ，吟味すると，激しい患者への怒りが出現するのではないかという恐怖にも似た看護チーム全体の逆転移感情があったと考えられる。そして潜伏したのは，治療者側の「何をしているのか」という患者への怒りである。

　ここで，スタッフミーティングに起こった集団の問題をビオン（1961）[5)6)]の集団力動の理論から考えたい。一人の看護師から報告された患者の食行動を巡る行動化，報告内容に包含された懲罰的な意味合いは，患者からこの看護師に投影性同一視された懲罰的対象に彼女が逆同一視した結果である。それは，患者からこの看護師を通して，私を含めた治療チームに投影性同一視された。この投げ込まれた懲罰的対象から主治医を含めた治療チームは逃避したと言える。すなわち治療チームは闘争-逃避集団となり，主治医の私はミーティングを次に繋げる治療的課題を遂行出来なくなった。おそらく，患者の食行動を巡る看

護師の報告は，治療チームを破局的変化に導いたものと考えられる。ここではこれ以上この変化に踏み込むことは紙面の関係上出来ないが，これに直面した時の防衛として，内容を完全に無意味なものにすること，神格化，教条化がある。またこの時，集団は闘争‐逃避集団となり，リーダーや集団のメンバーはすぐに逃避や攻撃を指示すると指摘されている。集団が闘争‐逃避集団になったことは前述したが，その中で治療チームのリーダ，主治医としての私が取った行動，すなわち，食事制限はないということを確認するだけにしてしまったという行動は，看護師の報告を無意味なものし，入院の治療設定，治療構造を教条化したものと言える。破局的変化に包含される，暴力を回避した結果である。

このように患者の食行動の問題を，看護師の報告があったにもかかわらず棚上げにしたため，患者の繰り返されるこの行動化に対して次第に主治医も苛立ち，叱責したくなる思いが強まった。そこで先の看護師の報告と私のいらだちを再度チーム・ミーティングで検討した結果，患者はまるで治療スタッフに叱責されたがっているようだという認識が共有された。この検討の中で，以前の入院のように患者の攻撃の対象にされたくないという思いや行動化を誘発するのではないかという不安も明確になった。これらの理解から，患者にこの行動化の意味を「まるでスタッフに叱られたがっているみたいだ」と伝えることが出来た。その結果患者の「見捨てられ不安」が明確になった。この入院早期の介入が過去２回の入院治療では理解されえなかった叱責願望からの頻発する行動化を防止できたと考えられる。またこの食事の問題は，ギャバード[12]が指摘した受動的に経験した外傷の能動的克服，すなわち，妹ばかりに関心を向け，自分には叱責ばかりしていた母親との関係の再現と考えられる。またこれは，狩野[15]が述べている，症状を巡る葛藤からの行動化でもある。

この症状を巡る葛藤からの行動化の問題は，精神分析的治療文化を考えるうえで重要な視点を提示している。症状は患者がスタッフの関心を得るための正当な手段であるが，入院治療ではスタッフと積極的に関わる健康的な部分も患者に必要とされ，この両者の間に葛藤が生じると狩野は述べている。そして後者の側面のみが強調されると，患者はスタッフに怒りを向け，病的行動を取ることで，スタッフの関心を引こうとするとも指摘している。この患者が副食を

主食に隠すというのは，症状である。患者はその意味で，ある一人の看護師の関心を得ることに成功したと言える。しかし依然として食事に関しては自由なままであった。そして，治療方針に従い患者は，自らの食行動の問題をミーティングで報告するように期待されていた。つまり，治療者側は患者の健康的な側面を期待していたわけである。この健康面への治療者側の期待から，以前の入院では，おそらくこのような場面で激しい怒りを患者はスタッフに向けていたのであろう。今回の入院で激しい攻撃がみられなかった要因についてははっきりしないが，以前の主治医が患者と同年代であったのに対して，私が患者の父親と同年代であったことに関係しているかもしれない。患者の問題のないいい子であった側面が転移として進行していたようである。妹の結婚を契機に病状が悪化していることから考えると，以前の主治医には同胞葛藤からの問題があったようである。とはいえ，狩野が指摘する，健康面を強調した場合に患者がスタッフに向ける怒りは表面上は出現しなかった。しかしスタッフミーティングでの私の行動や看護スタッフ全体の集団の情緒から振り返ると，この怒りを患者は分裂 - 排除し，治療スタッフに投影性同一視していた可能性がある。そしてこの患者の防衛，力動に呼応するかのように治療スタッフも患者への怒りを，分裂 - 排除し，私はミーティングでの場の雰囲気や逆転移を吟味することなく，それを終わらせ，看護スタッフも見て見ぬふりをしてしまったようである。これは，精神分析的治療文化のもつ，患者の健康的な側面，発達を援助するという特徴からのものである。

　では，精神医学的治療文化の中ではどうであろうか。症状を巡る葛藤を考察する中で狩野は，症状のみを強調すると，患者は「病人」となり，「偽りのよい関係」に陥り，症状を話したがらなくなると述べている。精神医学的治療文化では，症状の評価が中心である。私はビオンの特殊作働集団と治療文化について前述したが，まさに狩野が指摘するように，「病人というロボット」とのよい関係が構築される可能性があるのではないだろうか。

　以上の主治医としての私の治療的アプローチは転移 - 逆転移概念を用いた極めて精神分析的，精神力動的な介入である。精神分析的治療文化を構築し，その文化の中での治療経過を十分に述べることが出来たかどうかは疑問ではある。また一方，そんなに上手く行くのか，入院治療での転移 - 逆転移関係はもっと

複雑で，簡単なものではないという批判めいた意見が聞こえてもきそうでもある。

　この入院治療は私がメニンガー・クリニックに留学した後のものである。また先に紹介した，治療スタッフが基底的想定集団に陥った現象は，留学前に経験したものである。留学中，私は週5回の訓練分析を受けた。今でも自分のオフィスから分析家のオフィスまで様々な思いを抱きながら月曜日から金曜日まで通い続けた自分をはっきりと思い出すことが出来る。その距離が時には遠く感じ，時には短く感じたものである。精神分析的治療文化で，訓練分析，もしくは訓練のための精神療法を受けることは極めて重要なことである。特に逆転移を察知し，治療に生かすためには，必須といえる。ビオン[18]は，「記憶と欲望についての覚書」の中でこのような分析家の治療態度を持つためには，訓練分析を受けていることが前提と断っているが，それと同様のことである。また私は，集団精神療法への関心もあったため，メニンガー・クリニックでその訓練を受け，また米国集団精神療法学会の体験グループにも毎回参加し，集団力動の理解に努めたことも大きく入院治療での集団の理解やそのマネージメントに寄与していると考えている。

Ⅵ. 開業クリニックと精神医学的治療文化，精神分析的治療文化

　開業クリニックにおける精神医学的治療文化と精神分析的治療文化の相違はいかなるものであろうか。私は，精神分析療法，もしくは精神分析的精神療法，そして精神分析的集団精神療法だけを実践している訳ではない。倉敷という土地でこれらだけを実践して，クリニックを運営，維持するのは，様々な理由から不可能であり，これらを実践しつつ，一般診療も行っている。

　精神分析的治療文化と入院治療の節で述べたギャバードの「精神分析的な方向性をもった (psychoanalytically informed)」というスタンスが私の一般診療で役立っている。私の患者の評価，見立ては主に精神分析的，精神力動的なものである。言い換えると，入院治療を含む上記経験から私の体に染みついた精神分析的治療文化から，自然に行っているものである。しかし精神分析的な解釈を行う訳ではない。つまり，治療関係の評価，薬物療法の際の患者の服薬

に対する態度（精神力動的薬物療法[12]）に関して，特にこの概念は有用である。そして私が一番心がけているのは患者を「退行させないこと」である。そのためには「患者の話しを聞かない」ことである。これは精神医学的治療文化や精神分析的治療文化，双方にとって極めて逆説的な治療的立場であると思われるであろう。

「患者の話しをよく聞くように」と研修医時代から言われ続けてきた。現在でも研修医の時には，そう指導されると思う。この治療者としての行為が絶対的であるかのように，である。これはまた「献身的医師」としての態度でもあるようである。ではなぜ患者の話しをよく聞かなければいけないのか。おそらく治療関係，精神医学的治療文化でよくいわれる「ラポール」をつけるためであろう。しかしながら，無目的に患者の話しを聞き続けると患者は退行する。言い換えると「患者という役割」にはまり込む。精神分析的治療文化では，寝椅子の上の患者が退行し，転移神経症が進展して，ワークスルーを治療者が援助するという図式があるが，この治療文化でも「患者は退行する必要があるとウィニコットはいう：患者は退行してはならないとメラニー・クラインは言う：患者は退行していると私（ビオン─筆者）は言う」と退行という現象に異なった見解がある[19]。

「患者の話しを聞かない」というのは患者を退行させないための方策である。一般診療の中でのマネージメントである。ではどんな話しを聞かないかというと，患者の過去の話しである。つまり，「聞かない」というのは，介入しないということである。初診では理解を持って聞くようにはするが，それを一般診療の中で使わないということである。というのは，精神科にやってくる患者の中に過去の話しをすることが治療に役立つと考えている人がいる（もちろん，役に立つこともある。特に過去の患者の治療関係での否定的関係である。それが私という主治医との間でも繰り返される可能性があるからである）。おそらく，過去の外傷的体験と今の問題が関係し，自らの問題は過去にあると考えているからのようである。しかし，例外はあるにせよ，このような患者の過去の問題に，不用意に立ち入ると治療関係は混沌としたものになってしまうと私は考えている。

簡単に一つの症例を紹介する。診断はパニック障害，50代前半の女性である。

彼女は私のクリニックに来るまで，数年に渡って，数カ所の治療機関を受診していた。内科，心療内科，精神科である。診断は「自律神経失調症」「パニック障害」などなどである。それぞれの治療者は話しをよく聞いてくれ，投薬されたが，全然よくならないと愚痴とも恨みとも言えない気持ちを込めて語った。そして今までの治療歴，患者の言うストレス（家族内葛藤）をとうとうと語りだした。主治医である私は，一通りその話しを聞いた後には，その話しを遮った。患者は不満そうであった。私は話しを遮った後に，診断名はパニック障害であること，薬物療法と心理医学的アドバイスで病状は軽快する可能性が高いので，アドバイスに従って欲しいことを伝え，次回の診療の予約を決め，初診を終えた。1週間後の再診で，パニック発作は軽快し，日常生活が楽になったことを報告したが，初診時の話しを遮った，主治医の態度は患者にとって「冷たく」感じた，と穏やかに述べた。そして数年にも渡ってよくならなかった症状が1週間でよくなるのは，不思議であるとも患者は言った。この話しを聞きながら，私は主治医への不満を言える患者に健康的なものを感じた。現在もこの患者は通院しているが，投薬内容の減量を含め，一般診療での，治療の終結の準備が進んでいる。

　精神分析的治療文化を一度身につけると，一般診療でもそれが生きるようである。この文化の特徴は，患者の発達，健康的側面を促進させることにある。「患者という役割」に安住させない治療者の態度である。言い換えると，患者自身の力では「症状をコントロール出来ない」という精神医学的文化ではなく，症状を理解し（心理医学的アドバイス），薬物を使用して，まずはそれを自らコントロールし，今という現在での生活上の困難さを主治医と話し合うという治療関係である。もちろんこのような患者の病態水準は高く，適応能力も問題ないことが前提である。同じパニック障害といってもそれまでの生活史や，人格構造の問題から，一般診療では治療が困難で，構造化された精神分析療法，もしくは精神分析的精神療法を導入するケースもあることは断っておきたい。私のクリニックではこのような場合には，私が主治医となり，心理療法士が精神療法を担当するA-Tスプリットが治療構造として精神療法を受ける患者全員に導入される。

　上記一般診療の他に，私は開業した今でも週4回〜5回の精神分析療法を実

践している。この国では患者の問題から精神分析療法の実践が困難であるという意見がある。事実そういう面もあると思うが，症例を選択すれば，全くは不可能ではないと思う。この国で，精神分析的文化が受け入れられないことはない。問題は，分析家，治療者の抱える背景である。訓練を受けること，家族を養うこと，また，私の場合ならば，医療法人を維持しなければならないという背景である。大仰にいうと自らの治療スタンスの中で，このような背景を抱えながら，精神分析的治療文化をどう生かすか，である。

　一つのエピソードを紹介して，終わりにしたい。精神分析的治療文化，特に精神分析療法では一般的に禁じられている，自己開示の例である。とはいっても，一般診療でのことではある（私は精神分析治療で原則として自己開示はしない）。あるアメリカ人の患者に「なぜ成鉉は多くの患者の愚痴を聞きながら，いつも温和でいられるのか」と尋ねられたことがあった。この人が間もなく帰国するということもあったが，私は"Psychoanalysis helps me"と思わず，返答してしまった。

Ⅶ．おわりに

　精神科入院治療で精神分析的治療文化を自分なりに構築し，実践出来たことは幸運であった。諸般の事情で12年前に退職し，開業することになった。これも幸運なことに頓挫しかけていた精神分析医の資格も再度訓練分析を受け，取得することが出来たが，これは開業して，自分の時間を自分で作ることが出来たからである。2年半あまり，倉敷から大阪まで週4回，分析のために通った。その後には，東京と広島にスーパービジョンを受けに行った。結局私が国際精神分析協会の認定を得たのは，2008年2月のことであった。

　始めは私一人であったクリニックも常勤医や非常勤医が勤務し，心理療法士もパートを含めて7人が5部屋の治療室を使っている。そして精神分析の論文の輪読会，セミナー，症例検討会を行っている。一般診療の時間の方が多いが，それでも精神分析療法，精神分析的集団精神療法[21) 22)]を現在も実践している。私が習得し，現在も研鑽を続けている精神分析とその治療文化は私と私のクリニックという組織を支えてくれている。自らがそれを放棄しないかぎり，これ

は誰も私から奪うことは出来ない。身についた文化とはそういうものだと思う。それは，自らの人生の生き方でもある。やっと一つの結論めいたことを語ることが出来ると思う。精神分析的治療文化とは，人の心の理解と成長を促す文化であると。この私の心に宿った文化が，開業しながらも，患者，スタッフの成長を願い，クリニックでのセミナー，勉強会などを組織化させているのだと思う。

　私は本章を書くにあたり，極力個人的なことは書くまいと思っていた。そう思えば，思う程，書けなくなっていた。ずいぶん約束の時を遅らせてしまった。本書に関係する皆さんにお詫びしたい。また，入院治療の精神分析的実践やメニンガー・クリニックへの留学，そして精神分析医認定のためのスーパービジョンと，狩野力八郎先生との出会いがなければ，成し得なかったことである。狩野先生に感謝する次第である。当時私に自由な臨床活動を許可して下さった川崎医科大学名誉教授，渡辺昌祐先生に深謝したい。また，本書は高橋哲郎先生の喜寿を記念するものであった。今年を最後に米国に戻られる先生に，執筆が遅れたことのお詫びと，今まで共有させて頂いた多くの時間が私の心の礎であるとお伝えして，先生に感謝を申し上げたい。岩崎徹也先生，衣笠隆幸先生を始め，私が精神分析という治療文化の中に身を置くことを可能にさせて頂いたすべての先生方にお礼を申し上げたい。最後になったが，私が精神分析を志向し，大変な時間と経済的投資を自らに課したが，このことについて何一つ不満を言わず，見守ってくれた妻，薫に感謝したい。

参考文献
1) 小此木啓吾 (1990) 治療構造論序説．岩崎徹也編，治療構造論．岩崎学術出版社，pp.1-44．
2) Freud, S. (1912) 分析医に対する分析治療上の注意．フロイト著作集9巻．人文書院．pp.78-86．
3) Winnicott, D.W. (1971) Playing and Reality. Tavistock. London.（橋本雅雄監訳：遊ぶことと現実．岩崎学術出版社，1979.）
4) 北山修 (2008) 文化への不満──フロイトの「居心地悪さ」．現代フロイト読本2．みすず書房，pp.634-637．
5) Bion, W. (1961) Experiences in Group. Tavistock, London.
6) Grinberg, L., Sor, D. and Bianchedi, E.T. (1977) Introduction to the work of Bion.

Jason Aronson, New York. (高橋哲郎訳:ビオン入門. 岩崎学術出版社, 1982.)
7) 岩崎徹也 (1990) 精神療法教育における構造論. 岩崎徹也編, 治療構造論. 岩崎学術出版社, pp.47-60.
8) Simmel, E. (1929) Psycho-analytic treatment in a sanatorium. Int J Psychoanal 10:70-89.
9) Menninger, W.C. (1982) The Menninger Hospital's Guide to the Order Sheet. Bull Menninger Clin 46:1-112.
10) Kernberg, O. (1976) Object relations theory and clinical psychoanalysis. Jason Aronson, Colchester. (前田重治監訳:対象関係論とその臨床. 岩崎学術出版社, 1983.)
11) Gabbard, G.O. (1988) A contemporary perspective on psychoanalytically informed hospital treatment. Hosp Community Psychiatry 39:1291-1295.
12) Gabbard, G.O. (1994) Psychodynamic Psychiatry in Clinical Practice: The DSM-IV Editon. American Psychiatric Press. (権成鉉訳:精神力動的精神医学——その臨床実践 [DSM-IV版]. 岩崎学術出版社, 1998.)
13) 岩崎徹也 (1976) 精神分析的病院精神医学 第Ⅰ部 基礎的な発展. 精神分析研究 20:171-187.
14) 岩崎徹也 (1978) 精神分析的病院精神医学 第Ⅱ部 その後の展開. 精神分析研究 22:41-57.
15) 狩野力八郎 (1990) 入院治療とは何か——投影同一視の認識と治療の構造化. 岩崎徹也編, 治療構造論. 岩崎学術出版社, pp.351-366.
16) 権成鉉 (1986) 一境界例の入院治療と"management"について——「精神療法医」と「病棟主治医」のはざま. 精神分析研究 30:303-306.
17) 権成鉉 (1989) 入院治療におけるチームアプローチについて——スタッフ・ミーティングの機能. 精神分析研究 33:113-127.
18) Racker, H. (1968) Transference and Countertransference. The Hogarth Press, London.
19) Bion, W. (1988) Notes on memory and desire. In:Melanie Klein Today Vol.2. pp.17-21, Routledge, N.Y.
20) Briton, R. (1998) Belief and Imagination: Exploration in Psychoanalysis. Routledge, N.Y. (松木邦裕監訳, 古賀靖彦訳:信念と想像——精神分析のこころの探求. 金剛出版, 2002.)
21) 権成鉉 (2010) 対象関係集団精神療法における「妄想-分裂ポジション」と「抑うつポジション」について. 高橋哲郎他編, 力動的集団精神療法——精神科慢性疾患へのアプローチ. 金剛出版, pp.58-76.
22) 権成鉉 (2010) 集団精神療法における転移と行動化. ワークスルー——躁的防衛としての「たまり場」から「オアシス」へ. 高橋哲郎他編, 力動的集団精神療法——精神科慢性疾患へのアプローチ. 金剛出版, pp.219-239.

7. キャンパス・メンタルヘルスの治療文化

藤田 長太郎

Ⅰ. はじめに

　大学生の年代は心理・社会的な自立を求めて格闘する時期である。それより前の思春期前・中期にあっては子どもから大人へと心身ともに大きく変化するだけに精神的に不安定となり、さまざまな問題を生じやすい。また、過敏性大腸や神経性頻尿などの心身症や身体表現性障害もみられやすく、この年代では程度の差はあれ身体症状にも心理的要因が関与することが多い。

　筆者は、12歳時より逆流性食道炎で苦しんでいた男子学生が大学に入学し保健管理センターに出入りするようになって、それまでの8年来の症状が著明に改善した症例を経験した。逆流性食道炎は、下部食道括約筋が弛緩することにより摂取した食物が食道に逆流し、胸やけや吐き気・嘔吐などの症状がみられる疾患であるが、この症例では心身症的なニュアンスが強かった。そのため保健管理センターのスタッフ全体でかかわり精神科医による相談だけでなく、臨床心理士による面接も行った。

　そこで、まず本症例を報告するとともにその治療機転について考察する。その中で、思春期に精神的問題を抱えていたために中学から高校時代にかけては得ることができなかった場や友人をキャンパスで見出していく事例があること、および大学保健施設には心身総合診療援助の場としての意義があり、学生相談には成長発達を見通した支援を行うといった要素があることについて述べる。

　また、キャンパス内で学生相談を行う場合には、教育環境という特性だけではなく面接が無料であるなどさまざまな面で市中のクリニックやカウンセリングルームとは異なる治療構造をもつ。そして、そうした要素が治療関係にも影

響を及ぼし独特の治療文化を醸し出している。本稿ではそうした点にも言及し，キャンパスにおける精神療法について検討することにしたい。

II. 症　例

　症例報告に関する本人の同意は得ているが，記載に際しては匿名性に配慮した。なお，この事例は「児童青年精神医学とその近接領域」（44巻5号，2003年）においても報告したことがある。

症　例
　18歳（来所時）男子大学生
　主　訴：食後の吐き気
　生活歴：3人兄弟の末子として出生する。2-3歳の頃に母親が幻覚妄想状態となり精神科に一時期入院した。4歳時には父親と死別。また，両親がよく言い争いをしていたことを覚えている。本人は小さい頃は友達が少なく，気分が落ち込みやすい方だった。成績は中学校までは上位であったが，高校ではかなり低下した。
　家族歴：父親は40歳の時に死亡（アルコール依存症）。母親も結婚してまもなく統合失調症のエピソードがみられるようになり，精神科入院歴もある（詳細は不明）。母親の治療は中断しがちで精神的に不安定となることがあるが家事はこなしている。
　既往歴：小学校5年時に腎炎のために約半年間入院。その年度は病弱養護学校に通った。幼少期にはアトピー性皮膚炎，気管支喘息があったが，いずれも現在は軽快している。
　現病歴：小学校5年時に養護学校から普通学級に転校することになり学校でお別れ会（昼食会）が開かれたが，その際に食事が喉に逆流してくるような感じとなった。本当はその時に友人や先生と別れたくない気持ちがあったという。中学校1年の時には鉄欠乏性貧血のために小児科に入院した。この頃には食後に吐き気がするようになっていた。中学校2年の時は血便および貧血のために小児科に入退院を繰り返し，内視鏡検査の結果「逆流性食道炎」と診断された。

入院中は制酸剤や鉄剤服用のほかに輸血もうけていた。

　高校の3年間は食後の吐き気があるために学校で昼食はとることができず図書館に行くなどして昼食時間を過ごしていた。また，家での夕食後も2～3時間は横になっていたとのことである。なお，この頃は鉄剤や制酸剤，抗潰瘍薬などの処方をうけていた。

　X年4月，大学に入学して郷里を離れてからも同様の症状が続き，病院紹介のことや体調不良のために保健管理センターによく顔を出すようになった。そして，X+1年4月からは精神科医との面接を希望するようになった。

　小　括：診断は逆流性食道炎である。体の症状のほかに漠然とした不安感や孤立感はあったが，これらが前景に立つことはなく，明らかな不安障害や気分障害は認められなかった。ただし，家族歴に父親のアルコール依存症や母親の統合失調症があり，幼少の頃より両親の不和があって家族のことは常に気になっていた。母親を「頼りにしたい」気持ちがありつつも郷里から遠く離れた大学に入学したのは「母親に振り回されたくない」気持ちによるものであった。

　最初に症状が出現したのは養護学校から離れたくなかったのに転校した時である。また，食道炎の症状は一人になった時に強まる傾向もあることから症状の背景には「分離不安」の問題があることが想定された。また，この「分離不安」の基礎をなすものとしては幼少期における母親の精神科入院や父親との死別があると考えられた。

　そこで治療としては本人の不安や悩みを受けとめることを通して，また保健管理センターのスタッフとのかかわりや本人の仲間との関係を大切にしながら「親からの心理的離脱」をはかることを考えた。しかし，8年来の慢性化した身体症状（内科的要因もある）であることから改善するのは困難ではないかとも考えられた。

治療経過
(1) 保健管理センターにおける相談の流れ
　本症例には保健管理センターのスタッフ全体がかかわった。入学してから体調や日常生活のことなどで話がある時には頻繁にセンターに来て，看護師との接触を求めていた。一方，内科医は体調不良時に診察をしたり，検査や投薬の

ために内科クリニックに紹介していたが，診察とは別に雑談やキャッチボールをすることもあった。

2年生になってからは「ひとりになった時に症状が強くなる」「吐き気がしてくると『もうどうにでもなれ』と焦ってしまう」と言い，精神的な問題を自覚するようになって今度は精神科医（男性）のもとを訪れるようになった。そこでは「不安や孤立感への対処」などについて話し合われたが，食後におなかに力を入れてしまうために症状が悪化することを自分ではどうすることもできないといったことも語られた。そのため臨床心理士（男性）に動作法（身体の緊張や力の入れ方を調整する治療法）を依頼することになった。そして，同じ臨床心理士による面接の過程で症状は軽快した。

なお，精神科医や臨床心理士の面接が行われていた時期も面接とは別の時間にセンターに顔をみせていたため看護師や内科医との接触は続いていた。また，クラブの仲間3人と共に退部した時には，4人で新しい活動を始めるためにセンターの談話室を使うことがよくあった。

(2) 治療経過および症状の推移

① センタースタッフ全体がかかわった時期（X年4月―X+1年6月）

大学1年生（X年）の時は，内科的治療が行われ症状はさほど変わらなかった。ただし，高校の時と違って親元を離れ，クラブ（文系）に入るなど意識的に生活面を広げ，自立していこうとする面がみられるようになっていた。

2年生になってからは「精神的な問題」を自覚するようになった。というのは，先に述べたように一人になった時や思い通りにいかない時に息苦しい感じや吐き気が強くなることに気づくようになったり，症状が良くならないことに対する焦りを覚えるようになったからである。また，大学1年の終わり頃に体調が悪くなり内科に約2週間入院したが心理的治療がなかったことに不満をもったことも心理面接を希望する契機となった。

精神科医との面接（1-2週に1回，50分）では中学・高校の時に感じていた孤立感や幼少の頃の両親不和の記憶，さらには母親の病気（統合失調症）の話や自分が精神病になることへの怖れなどが語られた。そして，「食後におなかに力を入れると病気が悪くなるとわかっているのにそうしてしまう。自分ではそれをどうすることもできない」と言うようになったため，腹筋および体全体

の緊張をほぐす目的で臨床心理士に動作法を依頼した。本人が大学2年生の6月のことである。

　その後も精神科医が並行して面接を行ったが，本人は「カウンセリングでは治らないのではないか」との疑問も口にしていた。このことについては，精神的問題を面接で話してもそのことが症状とどう結びつくのかわからなかったこと，および「体の病気のせいでもある」という本人の思いがあったからではないか，と考えられた。また，精神科医の方にも心身症患者の感情がどこまで言葉で表現されうるものか，また，言語表現ができたとしても果たしてそれが症状改善に結びつくものかどうか心もとない気持ちがあった。そして夏休みに入り回数が減って面接内容が重複するようになったことと心理面接については一本化した方がやりやすいとの臨床心理士の希望があったために本人と話し合ったうえで9月からは臨床心理士の面接に一本化した。なお，この年の5-6月にかけて内科薬に加えてEtizolam 1.5ミリグラム／日が処方されていた時期があったが著変なかったため中止となり，以降向精神薬は処方されていない。

　② 臨床心理士による治療（X＋1年6月—X＋2年1月）

　臨床心理士は保健管理センターの非常勤カウンセラーであり，治療面接はセンター内の相談室で行われた（週に1回，50分）。しかし，本人は動作法（リラクセイション）には強い不安を示し，「おなかに力が入らないと不安になる」「リラックスしたくない」と言い動作法に対する抵抗がみられた。心理士も6-7月にかけての心理面接と動作法の結果から「精神病恐怖も強いし，身体症状は無理にとらない方が良いのではないか」と考えるようになった。つまり，身体症状で防衛している不安を本人に直面させることに対して懸念があった。

　しかし，「治したい」という本人の気持ちは強いため心理士は自己コントロール法による温感の指導や手首のリラックスを行ったところ（7月と9月），腹部をリラックスさせる方法ではなかったせいもあってそれには積極的な姿勢をみせた。また，心理士が言葉をかけると落ち着いてできるようにもなり心理士との信頼関係が次第にできてきた。その様子をみて心理士が催眠療法を提案したところ本人も同意したため10月からは催眠療法が開始された。

　催眠療法とは，リラクセイション・暗示・イメージの充進などの催眠の特性を用いて，その目的とするところのもの（心身症の改善など）を促進させてい

こうとする方法である。

　本症例では，面接ごとにまず後ろに倒れかかったり腕を浮揚させるなどウォームアップをしたあと「催眠イメージ療法」を行っている。「催眠イメージ療法」とは「自由イメージ」を通して感情を発散させたり，イメージの中で不安場面への耐性を強化したり，イメージの意味を探索して症状や問題との関連性についての洞察をうる方法である（成瀬ら 1990）[7]。

　具体的には，面接の始めにウォームアップを行ったあと「自由イメージ」を本人に浮かべてもらった。イメージが出にくい時には，「海岸」や「山」などの指定イメージにするとスムーズに表現された。一回目の催眠面接では野原に寝転ぶイメージが出て「胃もすっきりしている」と述べたが，胃に注意が向いたところで不快感がでてきた。催眠に対しては自己コントロール法以上に意欲がみられ不安感も少なかった。

　2回目の面接では，「海岸の指定イメージ」において沖に浮かぶ白い船や海岸で海を見ている若い男のイメージが前回よりはっきりと現れてきた。しかし，覚醒暗示のあとで吐き気が気になり出したことや体の温かさは感じられなかったことが語られた。

　3回目の面接では最初に吐き気を感じていたが，自由イメージのあとで催眠から覚醒する前に心理士が全身温感の暗示ならびに「あたたかいとからだの中から自然に良くなる力が湧いてくる」との自然治癒力の暗示を与えると催眠後にも「からだの暖かさ」と「吐き気のなさ」を感じるなど，良くなることへの抵抗が和らいできた。つまり，以前は「良くなりたい」と思いつつも腹部をリラックスさせることへの不安があり，心理士から見るとより強い不安に直面しないですむために身体症状を無意識に存続させるような態度がみられていたが，それが和らいできたのである。

　4回目の面接では「ビスケットを食べた」「実際に食べたのとおなかの感じは同じ」「でも吐き気がこない」というイメージが出てきた。そして，6回目の催眠面接では「自由イメージ」において食事の場面が出現し，実際には食べていないのに全身の緊張感や鼻水，吐き気など現実と全く同じ症状が再現したため「催眠でも実際と同じ症状が出るのですね」と安心気に話し，納得したような態度をみせた。

その面接（11月）を契機に昼食がとれるようになり，11月半ばからは1日3食とっても吐き気がまったくみられなくなった。7回目の催眠面接では広いサッカー場に家族で来ていて迷子になったというイメージが出てきたが，迷子になった寂しさよりもサッカー場を走り回る嬉しさで一杯であることが語られた。症状が軽快したため催眠面接はこの回で終了となり，その後は3回のフォローアップ面接が行われている。また，症状が改善してから内科薬は全く服用していない。

③ その後の経過（X＋2年1月以降）

入学当初は50kg程度であった体重も症状改善後は55kg程度となり現在に至っている。

X＋2年の春には初めて，肉体労働のアルバイトもするようになり日焼けした姿でセンターに顔をみせたことがあった。その後も時折センターを訪れお茶を飲んでいくことがあった。ガールフレンドもできて，X＋3年6月には2人で筆者のもとを訪れたこともある。また，学業のほかに留学生チューター会議の役員を務めたりアルバイトもしていたが，X＋4年3月には卒業し就職した。なお，母親に対しては「あまり巻き込まれたくない」との思いが続いていたが，精神病に対する恐怖は和らいでいる。そして8年間持続していた症状は，改善して7年以上経つが再燃はみられていない。

Ⅲ. 症例の考察

1）診断について

逆流性食道炎の発生機序としては下部食道括約筋の弛緩，胃酸・ペプシン，腹圧亢進が複雑に絡まっていると言われ（Dodds, W. J. et al. 1982）[3]，現在では食道括約筋の弛緩だけでは生じないとされている（小林ら 2000）[5]。したがって，本症例においては治療経過でも述べたように食後の腹筋の過緊張が緩和されたことによって症状が改善することにつながったのではないかと考えられる。この食後の腹筋の過緊張を本人は「癖である」と言っていたが，自分の意志ではどうすることもできないものであり，症状の出現は心身症的な機制が関与していた（Wiklund, P. et al. 1996）[9]ものと考えられる。

また，こうした身体症状のために日常生活や学校生活にも支障をきたし，そのために不安感や焦燥感が強くなる時期もあったが，全経過を通じて不安障害や気分障害のエピソードはみられていない。しかし，アルコール依存症や統合失調症の家族負因があり，本人の気持ちの中には精神病に対する恐怖があった。

そこで，著者は本人の不安や心配を受けとめるとともに「統合失調症」についての正しい知識を伝え，「病気にならないためにも自分自身を認めていくことができるように」「ほかの人に相談することや味方になってくれる人を大切にするように」と助言した。その結果，本人も統合失調症を過度に不安がることはなくなった。そういう意味では，統合失調症の家族負因がありその病気に罹患することへの恐怖のある人に対する予防的アプローチ（仲本 1998）[6]を行ったことにもなった。

2) 発達促進の場としてのキャンパスと保健管理センター

本症例は逆流性食道炎のために8年間「食後の吐き気」に苦しんでいた。そのように長く続いていた症状が大学入学を機に改善するようになった要因としては，①親元を離れ自立しようとしたこと，②クラブ活動や友人との付き合い（仲間体験）を通して生活面が広がったこと，③センタースタッフとのかかわり（疑似家族的）を通した心理的安定，④ ①〜③の結果としてガールフレンドができたこと，⑤心身の総合的な治療，が考えられる。

親元を離れ大学に入学してから本人は，知人もいない土地で新生活をスタートさせた。逆流性食道炎の症状があり，心もとなさもあったのか当初は保健管理センターに来ては母親の年代に近い看護師との接触を求めていた。また，この時期は病院での内科的治療やセンタースタッフとのかかわりを通して身体症状の改善だけではなく心理的安定を保とうとしていたものと思われる。

その一方で，高校の時とは異なりクラブ（文系）に入って積極的に仲間を作っていこうとした。もともと本人には人なつっこい面があり，クラブに入ってしばらくしてからは悪ふざけをしたりいろいろと話せる友人をつくることができた。このことは本人の孤立感や「居場所のなさ」の緩和に大いにつながったものと考えられる。思春期の年代は第2の分離・個体化の時期といわれ，親からの心理的独立が課題となってくるが，この時に「居場所」や「たまり場」

（青木）を見いだし仲間や親密な友人を得ることは，仲間との共感的な交流を通して自己評価が高まるとともに心理的独立を勇気づけ促すものとなる。そして，少しずつ自分を出していけるようになるにつれガールフレンドもできたのである。

本症例もそうであったが，中学・高校の間は心身症なり精神的な問題があって自由に自分を表現したり仲間と感情を共有する機会が乏しかったのに，大学に入ってから思春期・青年期の発達課題（牛島 1992）[8]を達成していくケースがある。それは，大学のキャンパスでは高校の時のようにクラス内で緊張しすぎるようなことはなく，むしろクラブや同好会，アルバイトなどのややゆるやかな人との繋がりをもつことができると，その中で安心して「居場所」や仲間を見出していけるようになるからではないかと思われる。もちろん家を離れてそれができるだけの自我の強さが本症例にはあったとも考えられる。

また，キャンパスの中では仲間との関係をつくり上げていくまでの中間地帯として保健管理センターや学生相談室が位置づけられたり機能する場合もある。本症例においては空間としても人とのかかわりにおいても保健管理センターには中間地帯的な意義があったと思う。

もっとも大学のキャンパスや大学生活はうまくいくと本症例のように発達促進的な空間となるが，逆に中学・高校のように密な空間で人間関係を保ってきた学生などでは大学入学後にむしろ孤独感をもつことがある。一方，大学生活を送る中で進路に迷いが生じたりスチューデントアパシー（山田 1998）[10]に発展していく学生もおり，こうした学生に対しては別のアプローチが必要となる。

3）精神療法の実際と治癒機転

本症例では大学入学後に行動半径を次第に広げていったが，それにともない「食後の吐き気」はよけい苦痛なものとなってきた。というのは，友人とともに思う存分に過ごしたり食事をとることができなかったからである。そのため「早く治りたい」という気持ちが強くなるとともに焦りも生じ，吐き気があると自分で吐いてしまうこともあった。また，一人になった時に吐き気が強まることからも症状の背景に「精神的な問題」があるような気がして精神科医のところに相談に行くようになった。このことは以前はあまり意識にのぼることの

なかった「精神的問題」がいよいよ意識化され始めたことを意味する。

そして，精神科医との相談をすすめながら腹筋の過緊張を緩和するために心理士の動作法をうけるようになった。しかし，この動作法（リラクセイション）に本人は強い抵抗を示し，心理士は「症状はとらない方が良いのではないか」と感じるようになっている。精神科医も本人には「治りたい気持ち」とともに「治ることへの不安」もあるのではないか，と思うようになった。そして，その「治ることへの不安」の根底には面接内容（自分が精神病になる不安など）や状況（一人になると症状が出やすくなること），および生活史上２〜３歳時に母親が精神科に入院したために一時期母親と別れて過ごしたことや両親の不和，そして四歳時には父親と死別するなどのエピソードがあることも併せて考えると「分離不安（孤立感）」や「精神病恐怖」があるように思われた。

実際，面接では「一人になることの不安」と「症状の増悪」が関係あることを意識しており，精神科医の面接ではこうした本人の気持ちの整理（意識化）がテーマとなっていた。しかし，言語による面接だけでは本人を安心させることにはなっても，こうした心身症のこころとからだが結びついた問題を「意識化」させていくことは困難であった。

一方，臨床心理士による治療には次第に応じるようになった。それは他動的に腹筋をリラックスさせることには不安があったが，治療を求める気持ちは強く，腹部とは直接関係のない手首であればリラックスを自己コントロールのもとで行うことには抵抗はなく，その延長としての温感（身体）の体得や催眠療法に関心をもつようになったからである。また，催眠療法を開始する段階ではそうしてよいと本人が思えるだけの心理士との信頼関係ができつつあったからである。さらに言うならば，そうした「本人と心理士との関係」をホールディングするものとして，精神科医・内科医・看護師などスタッフ全体との比較的安定した関係があったからではないかと思われる。

そして，催眠療法に対しては本人も意欲的にとりくみ，自由イメージの中では症状が気にならなくてすむという体験をしている。また，催眠中に心理士は全身の温感指示と自然治癒力の暗示を用いており，その効果は以後持続してみられるようになった。そして，自由イメージの中で，食べるという体験を本人は主体的に行うようになり，その場面において「症状の再現（食事は摂ってい

ないのに逆流性食道炎の症状が再現したこと）」がみられたことを契機として症状は急激に改善した。

　この節目となった面接で心理士は「これでいよいよ催眠療法にとりかかれる」という手応えを感じたが，本人も心理的な問題によって生じる症状ならどうにかなりそうであるといった手応えを感じたのではないかと考えられる。というのは，本人はそれまで「精神的問題」を漠然と意識はしていたが，症状との結びつきについては実感がもてず「カウンセリングでは治らないのではないか」「体の病気のせいでもある」という意識が残ったままであったからである。

　つまり，転機となった面接において本人の「自己感覚」は大きく変化し，これまで対処困難であると思っていた問題（逆流性食道炎や「分離不安」の問題）に主体的にとりくむことができそうであるといった感覚が生じたのではないかと考えられる。そのことは，その次の面接で「自立のイメージをともなった自己感覚の変化」（家族3人で来ていたサッカー場で迷子になった時に，孤立感や見捨てられ感が出てくるのではなく，サッカー場を一人で自由にかけ回ることのできる嬉しさがイメージの中で表現された）がみられるようになっていることからも裏付けられているように考える。また，この時期は心理士も心理治療が一本化されたことによって心理士としての「主体性」（治療者としての機能）がより発揮されやすくなっていたとも考えられる。

　換言するならば，センタースタッフや友人との関係で少しずつ安心感や自己評価が高まっていたことを基礎にしながら催眠療法における症状の再現を機に，本人の恐怖の対象に対する自我のあり方は受動的なものから能動的なものへと大きく変化したのではないかと考えられる。このことは，大学生活や治療の中で自我の成長がみられたことを意味し，不安や恐怖に対処していこうとする構えが強くなっていったものと思われる。そして，そのことによって過度の「恐れ」が軽減し，「おなかへの意識の集中」も減り，「不安を感じた時におなかに力が入ってしまう」といったからだの症状も改善するに至ったのではないかと考えられる。

Ⅳ. キャンパスにおける精神療法

1) キャンパスの特性と成長発達を見通したセラピー

　大学という教育環境の中で精神療法を行う場合には，学生の心理的発達やその成長を念頭においたかかわりになることが多い。前述の症例がそうであったように学生が中学・高校の時に得られなかった体験や仲間とのかかわり，あるいは異性に対する思いなどに治療者は目を向けそうした発達的な動きに対してはできるだけサポートしていくことになる。

　また，正課や学生生活をこなせるように治療者は精神内界を探索するだけではなく環境への適応にポイントをおいたかかわりをすることも多い。場合によっては，現実的課題を克服していくための助言をすることもある。こうした教育的かかわりを一部取り入れた治療は児童・思春期の治療にあっては決して珍しいことではなく，むしろ推奨されることもある。要はこうしたかかわりをしているとの意識が治療者にあるかどうかである。もし治療者が精神分析的精神療法をしようとしながらこうした教育的なかかわりを無意識にしてしまうとすればそれは治療者自身の問題によるものか逆転移の行動化である。

　一方，学生相談ではキャンパスという「環境・場の活用」を意識した治療や支援を行うことがある。キャンパス内には講義・ゼミにおける教職員とのかかわりやクラス・サークルにおける仲間や先輩の存在，そして生協や図書館などでの学内アルバイト，学内外でのボランティア活動などのさまざまな社会的資源がある。したがって統合失調症をもつ学生に対しては治療や心理相談だけではなく，総合的支援の一環としてさまざまな学内資源を活用することがある。さしずめ「リハビリテーションの場としてのキャンパス」である。また，精神障害や発達障害をもつ学生にかぎらず学生相談をしながら大学生が成長する場としてキャンパスを活用していこうとする発想が筆者にはある。

　ところで学生が最終学年になった場合には，卒業できるかどうかの不安や卒業後どうするかといった現実的問題に加えて治療者との別れがテーマとなるケースもある。卒業というタイムリミットがあり，卒業すれば原則的には治療が終結となる点はキャンパスにおける精神療法の一つの特性である。こうしたタイムリミットを意識した治療はクリニックにおいてはブリーフセラピー（時間

制限精神療法）以外では少ないのではないかと思われる。このことと関連するが，一部の大学では春休みや夏休みに相談室を休室することがあり，休室前に工夫が必要になることがある。欧米における精神分析的精神療法では「治療者の休暇」が精神療法の技法上のテーマとなることがあり，わが国ではそうしたことがテーマとなりにくいことも併せて考えると文化による精神療法の構造の違いがここにはある。

さらに，キャンパス内で学生相談担当者（治療者）が学生とかかわる場合にはどうしても「教員と学生」の関係になる。たとえ治療者が学生をクライエントとみたとしても学生は治療者のことを「教員」と見てしまうことが多い。したがって治療関係としてはどうしても「教員イメージ」がベースにあるため不満や怒りが治療者に直接表現されにくくなっている。もっとも無意識の怒りはキャンセルや遅刻，セッションでの沈黙といった形で表現されることがあり，こうした時にそれをとり上げていくかどうかは一般の精神療法の時と同じように判断し対応している。また，卒業すると学生が大学のことを「母校」と呼ぶように大学に対する学生の思いはおうおうにして親イメージ・母親イメージと重なる。したがってキャンパスにおける精神療法では治療者に対して「先生転移」的なものが向けられつつ，その根底には父親転移や母親転移がみられる形となる。

2）学生相談の構造（無料であること）について

クリニックでは自分のために時間や技術を提供してもらうことに対しては当然のことながら治療者に対する代価が必要となる。したがって，クリニックでもし面接を「無料」で受けるとしたならばそれは「特別扱い」「相手からのサービス」と感じられ，治療者に対する恩義や申し訳ない気持ちが生じ，そのぶん陰性感情が表現しにくくなる。

しかし，学生は小・中・高校時代から教員に指導を受けたり相談しても直接報償を払った経験はない。実際には高校や私立学校では月謝を払ってこうした指導を受けたり相談にのってもらう訳であるがそうした感覚には乏しい。これは子どもが親の庇護のもとで生活していても常にはそのことを意識していないことと似ている。

キャンパスではゼミ教員から卒論の指導を受けるたびに報償を払わないのと同じ感覚で大学生は学生相談を受けている。これまで大学保健施設で筆者が相談活動に携わっていて，安定剤や睡眠薬を処方する時に「この料金は？」と学生から質問を受けたことはあっても心理面接について同様のことを言われたことは皆無であった。因みに安定剤の処方に関する質問に対しては「授業料の中にそうした経費も含まれている」と答えている。このことについては大学だけではなく，企業の保健センターや心理相談室の利用に関しても同様のことが言えそうである。また，公共の施設，例えば精神保健福祉センターにおける相談も無料（公共サービス）であることに疑問をもたないこととも似ている。筆者は以前，ロンドンのタビストック・クリニックを見学した際に（その時期は）「精神分析」が無料であることに驚いた経験があるが，これとて公共の施設におけるサービスということでは同じである。こうした場合にコミュニティのメンバーとしてサービスを享受できる権利があると考えるなら精神療法をうける時も「対等」であるとの意識があるのではないだろうか。ただし，学生相談の場合はコミュニティサービスの側面だけでなく「親の庇護」のもとにあるといった要素も加わる形になっている。

一方，アメリカ文化では「精神分析」は当然有料である。それぞれが個人として自立している以上は，他者からサービスを受けることについては当然代価が必要となる。また，しかるべき報償を払うからこそ面接は大切であるとともにそこで自分の感情を自由に表現できると考えるからである。したがって治療者に不満が生ずればクレームを言いやすくもなるし「応分のことをしてもらっていない」との陰性転移も生じやすくなる。少なくとも治療関係では負い目を感じることなく「対等」であるとの意識が出てきやすくなる。従来，「精神療法」は有料が原則であると考えられてきたのもこうした前提があるからで，このこともアメリカ文化（近代個人主義）の文脈の中でみていく必要があると考えられる。

しかし，文化の違いは別にしても「苦しみを軽減したい」「そのためにも力をもった人に救済してもらいたい」という治療者に対する患者の感情が転移の源になるというメニンガーの考えからすると，有料・無料を問わず治療関係ではどうしても治療者や医師に対しては親イメージが重なってくる。そして先述

したように学生相談の枠組みは特に親イメージ（無償の愛，母親イメージ）が創出されやすい治療構造になっていると考えられる．

V．おわりに

本稿では8年来の難治性逆流性食道炎に苦しんでいた男子学生が，大学に入学し保健管理センターに出入りするようになって著明に改善した症例をまず報告した．その中で病気をかかえながらも大学入学を機に「自分のあり方」を変えていこうとした学生に対し，人と人との交流の場として，また心身両面の診療援助の場として大学保健施設が機能したこと，およびキャンパスや学生相談の場が発達促進的な環境を提供できたことが変化を生み出す背景にあったことを論じた．

また，キャンパスにおける精神療法は教育環境のもとで行われる特性があるためにクリニックで行われる精神療法とはさまざまな面で相違があることについて述べ，最後に学生相談の構造について特に面接が無料であることを中心に文化的な比較を行った．

参考文献

1) 青木省三（1996）思春期 こころのいる場所．岩波書店．
2) Caplan, G. (1964) Principles of Preventive Psychiatry. New York, Basic Books Inc. （新福尚武監訳：予防精神医学．朝倉書店，1970）
3) Dodds, W.J., Dent, J., Hogan, W.J. et al. (1982) Mechanisms of gastroesophageal reflux in patients with reflux esophagitis. The New England Journal of Medicine 307:1547-1552.
4) 藤田長太郎，寺尾英夫，田中新正（2003）催眠療法を契機に著明改善をみた難治性逆流性食道炎の1例．児童青年精神医学とその近接領域 44:469-478.
5) 小林正文，岩切勝彦（2000）胃・食道逆流の発生機序．日本内科学会雑誌 89:14-20.
6) 仲本晴男（1998）学生の精神分裂病の発症予防への取り組み．精神科治療学 13:319-324.
7) 成瀬悟策，鶴光代（1990）催眠療法．小此木啓吾，成瀬悟策，福島章編，臨床心理学大系 第7巻，pp.122-162．金子書房．
8) 牛島定信（1992）同性関係から異性関係へ向かって．宮本忠雄，山下格，風祭元監修，こころの科学 44:pp.44-48．日本評論社．
9) Wiklund, P., Butler-Weelhouse (1996) Psychosocial factors and their role

in symptomatic gastroreflux disease and dyspepsia. Scandinavian Journal of Gastroenterology 220 Suppl.:94-100.
10) 山田和夫(1998)スチューデント・アパシーと現代学生の自己形成. 精神科治療学 13:297-304.

8. 精神分析的につながった個人及び集団心理療法と背景としての治療文化

手塚　千惠子

Ⅰ. はじめに

　精神分析は欧米の文化の中で着想され，発展してきた。欧米と日本の社会，文化，行動規範の異同について，外国を旅した経験しかない筆者には言う術がない。しかし，日頃精神分析的な思考法をもって，精神的問題を抱える人たちの内面に向き合う日々を過ごしていると，精神分析が背景として持つ社会や文化と，私たちが今ここで生きているそれらに，触れたと思う瞬間がある。

　欧米の，神と自己のつながりを軸にし，自律した自己を尊重する基準と，日本の，今ここにある集団とのつながり，協調を重要とする基準の違いは，それぞれの国で行われる「精神分析」が取り扱う感情，情緒の，何を重視するかに違いを生むのではないかと思う。それは，神との契約を基礎とする倫理的正義と，状況的正義の違いから生れるものでもある。

　F・フロム-ライヒマンは「精神分析が最初に着想された当時に，最も"当惑させられる"問題，つまり性的な事柄について，当時の人々は自由に話すことができなかった」故に，自由連想で「性的な事柄」が重視されたことを記し，「一般に現代人は，いまの時代の"当惑させられる"話題である敵意や優しさの感情よりも，性的な事柄の方を容易に話しうるものである」と，時代によって表現するものが変わる点に触れた。彼女の著書の訳者である阪本は，訳注で「これは現在の米国文化ではあてはまっても，日本の文化では米国におけるよりも，性的でない優しさを表現することが，ある意味でずっと容易なのではないかと考えられる。このことは日本と米国の文化の型での対人関係の基本型の

差によるものと考えられる」と記した。

　土居は「甘え」概念を形成する過程で，欧米の文化が依存と言い表すしかない感情，情緒について，日本では依存以外に「甘え」という概念，言葉を持ち，豊かな関連語彙と，「甘え」を意識的に取り扱う，極めて洗練された行動様式を持つ文化があることを明らかにした。ここでいう「甘え」は，「愛されたい，大切にされたいという人間の欲求であり，他人の善意をあてにして，それによりかかることができる特権」であり，「甘える人と甘えられる人の相互関与」とされる。阪本のいう「性的でない優しさを表現することが容易な文化」と重なるものがある。

　欧米で「依存」は，幼少時期とM・バリントの「受動的対象愛」の指摘を除いて，葛藤的，否定的にとらえられる病理現象であり，抑圧，否認される文化，行動規範が優勢で，対人関係の表現は性的あるいは対峙的な様式でなされる傾向にある。この文化においては，抑圧，否認された「依存」の感情，情緒を意識化することが，精神内界を理解する上で大変重要となるだろう。

　一方，集団社会への協調が重視され，その中で相互に「依存し，甘える」のを意識的に許している日本では，集団を個別化し破壊する力を持つ「敵意，怒り」を抑圧，否認する文化，行動規範が優勢である。従ってこれらを意識化し，受け入れることに治療的な意味が大きいと仮定してみる。

　これらを，同じ治療者が精神分析的な個人及び集団心理療法を行なうコンバインド・セラピーで治療した，2つの治療例の実際を示して考察する。なお症例には治療内容を変えない程度に変更が加えられている。

II. 治療例

1）A男　男性　20代

　主　訴：大学院不登校，「重大な病気がある。何のために生きているのかがわからない」

　診断名：適応障害，スキゾイド・パーソナリティ

　現病歴：大学院に飛び級で受験するかどうか迷っていた時，内科疾患で入院した。大学院入学後に倦怠感が強まり，「重大な病気がある」と思えて不登校

気味になった。投薬と精神科医の精神療法を受けた1年2カ月間は，母親の指示で登校し，必要単位をすべて取得したが，修士論文研究に取りかかれなかった。臨床心理士である筆者の面接開始後，すぐ不登校となった。

生育歴：父母，妹の四人家族。祖父母が近くに居住した。小学高学年で塾通いが始まって以後，親しい友人がいない。大学は自分の行きたい科に進学，学部時代は楽しく過ごした。両親が「厳しい」と言う大学院研究室に入ると，「学部とは違った」。高校時，祖母の死を父が発見した。母は仕事を持ち，A男は祖母に育てられたが，試験中でり葬式に出なかった。またA男が入院中，祖父も同病で同じ病院に入院し，死亡した。

予備面接：A男は礼容整い，控えめな物腰だった。A男の問題を，父母は不登校，A男は病気への不安にあると言う。筆者は，父母共に心配しているが，やや一方的だ，祖父母の死にA男が淡々としていると感じた。そこで「病気，死への不安の強まりが，なぜ起こるのかを考えたい」と提案し，了承された。両親は主治医に相談するとしたが，面接内容に関わるものについては，A男の了承，同席の上なら，筆者との相談を可能とした。

見立て：依存と自立の葛藤が身体への不安として表れている。祖父母の喪失感情反応に乏しいので，喪の作業が滞った結果かもしれない。また母の言いなりに一年余も行動できるのは，母との一体化や万能的依存が強いのかもしれない。

治療構造：個人心理療法を週1回，1時間，対面法で現在も継続中である。集団心理療法は週1回，80分で全189回行われた。20回ごとに出入りできるセミクローズド集団で，症例2のB子も参加して4～8名の参加者で行なわれた。治療者は50代心理士の筆者，20代女性精神科医と，時々3カ月ごとに心理学科大学院学生が参加した。

面接内容：〈 〉は治療者の言葉，○回は個人治療の回数，（ ）は状況説明を示す

第Ⅰ期（自他の発見）

A男は，毎回90度にセットされた椅子を180度に置き変えて座り，「全てが無駄のよう」，「地球の空気汚染や温暖化で弱肉強食の世の中になる。生きていてもどうなるのか」と，内的空虚感や外界の脅威などの抽象的な内容を，ポツ

リポツリと長い沈黙を交えて語った。毎回胸苦しさやだるさを言い，筆者の質問には沈黙した。Ａ男の語るわずかな材料を，筆者の推測で補って会話を続けようとしたが，自己開示する不安を強く感じた。同時に，この状況が筆者の気持ちを苛立てず，静かな気持ちになることにも気づいた。このＡ男の態度は，父が「子どもの頃から自ら言わず，しないので，親がお膳立てする必要があった」と言うように，Ａ男の受動的で距離を置く，親子関係で繰り返されてきた態度によって，親とＡ男が一体になる関係を，筆者との関係に転移したものであった。

　Ａ男は父の付き添いを「ありがたい」と突然泣きだしたり，「親の敷いたレールを走ってきて，全て正しかった。今も敷いて欲しい」と all good の親への寄生欲求を強調した。この親への全能的な寄生欲求を，父母は「不登校は，研究室で順位が後であるため」，「登校をしてもらわないと困る」と，現実だけを言い，指示を与えることで阻止していたが，Ａ男はそれになんの反応もせず，抽象的な話に戻った。すなわち，「仕事は，自分の時間とエネルギーを求めるのでできない」，「金持ちになり，欲しいものが欲しい。研究室は互いに成果を共有するやり方で，自分の原理とは異なる」と主張し，仕事や研究で"与えることは，自己の内容を失うことだ"と感じているのだった。このスキゾイド状態特有の嫉妬心によって，未来にすること＝仕事が，社会的自己になるという今の発達課題とも，過去に成した受験の成果ともつながらない点が，空虚感を生むようだとＡ男に伝えた。両親に持つ万能依存欲求の不満が，仕事や研究方法への不信に置き換えられていると考えたが，Ａ男の連想がまったく広がらず，一方，筆者には上記のような逆転移性のさまざまな空想が広がって，推測で会話を続けると，自己開示する行動化になると感じた。そこで22回で，コンバインド・セラピーとして集団心理療法（以下グループという）を加えることを提案した。

　Ａ男が受身的，抽象的に語るのは，スキゾイド状態に加えて，両親との関係の転移であり，未熟な超自我が否定的情動を厳しく抑圧し，自由な連想への抵抗となっていた。この抵抗を減じるために，コンバインド・セラピーの二つの治療様式が有効だと考えたのである。Ｐ・Ｆ・カウフも，治療者に対する陰性転移が特に強い時には，"つながった個人及び集団心理療法"の様式が，一方

が他方より脅威が少ない状態で，強い感情を表出し取り扱えるので，特に有効であると述べている。A男は「グループからの悪影響」を言い，ためらった後で参加を決め，以後は欠席なく両療法に参加した。

グループで，A男は「いかに生きるかを考えたい」を提案し，他メンバーの関心を得られないと閉眼沈黙し，身動きや胸をさするなどして過ごしたが，次第に個人療法で，「グループは，普通はしない悩みを話している。嫌な気持ちを我慢して聞いていたら，人にやさしい気持ちになった。どうしたらいい？」と，関わり方を尋ねるようになった。万能の親転移を解釈し，黙っていると，グループで他メンバー間の話が混乱した時に，話を正確に再現してメンバーに教え始めた。これは筆者がしていたことで，A男は筆者を取り入れることでグループに参加し始めた。個人治療では筆者を遠くに置き，筆者からの働きかけを求めたが，グループ力動の中でA男が存在するために，能動的に筆者を取り入れた。これはフロイトが「集団心理学と自我の分析」で，集団心性の本質が，リビドーによって集団のリーダーとそのメンバーが結びつくことであり，その過程で同一視の機制がはたらく，と述べた現象である。

その後の個人治療で筆者と，A男が「研究室の予定の変更を，A男への侵入だと感じる」ことを探索し，「形に集中することで，心を動かさないようにしたのだ」と気づいた。筆者が，〈A男が恐れる過酷な外界は，変更不可ルールで動くA男の内面の投影ではないか〉と解釈すると，A男は次回の最初に，「前回の話は忘れた」と言う形であるが，初めて反応した。そして32回では，「（父のアルバイト指示に不満を感じた後）新鮮な夢を見た。父が死んだ夢」，「グループで他メンバーに助け舟を出した。今までそういう役割をしてこなかったと思う。……教育実習で忙しい妹は大丈夫か」と話し，硬く自らの内面にのみ向けられ，抽象的だったA男の言葉が，怒りや思いやりを伴って対象に向けられるようになった。

第Ⅱ期（関係性の発見）
個人治療で，「親に不満を言うと，生きていけない」と未熟な超自我の破壊性に怯えながら，「母と病院を天秤にかけている」と優越性を示すようになり，親との葛藤を具体的に話すようになった。〈言わない，しないで喧嘩している〉

と受動的攻撃を解釈すると，親や教師を取り入れた「役に立つことが居場所」という理想自己と，「身体が弱いと思う」内的自己の葛藤を話した。

　グループでは沈黙がちだが，他メンバーの交流上の問題点を正確に指摘し，「母もそうだ」と初めて個人的な話をした。そして「この変化と筆者の治療とはなんの関係もない」と無表情に言った。一方個人治療では，「母とA男が共に他人の話を聞かず，腹がたつが，母にスポンジのように吸収されてしまう。引きこもるのは，怒っているのだ」と気づき，「母に答えた方がいいのか。グループで人が反応してくれたのが嬉しかった」と，グループでの交流経験を，母との関係に応用しようとした。このグループとの同一視は，56回でA男が両親に，「親の勧めで他の分野に行っても，今挫折した問題を解決しない限り同じことになる」と初めて明確に考えを述べることにつながり，父が非常に驚いた。復学できない理由である身体のだるさの探索で，筆者が〈祖父の痴呆や死が，親の老化や死への不安をかきたて，身体症状で親との親密な関わりを得た？〉と分離不安を解釈すると，A男は今回の病因と思われる，入院時に経験した医療への不信を想起した。両親への強い依存や医療への不信が，医療の場にいる筆者に転移されて，心理療法効果を否認するのだろうかを検討後，A男がグループで話題をリードする積極性を示し，他のメンバーが驚いた。しかしA男は「自分は何も変わっていない」と主張した。

　60回で復学し，「自分が望む評価を目指すと疲れる。嘘をつかず，正直にいようとしている」と語った。筆者は，A男がスキゾイド状態から少し自由になったと感じ，それはグループとの同一視体験が，個人治療での探索内容を具体的なものにしたためだと思った。

　第Ⅲ期（関係の中で生きる）

　グループでは，研究室でいつも黙っているつらさを話すなど弱さを見せ，個人治療では，「大金持ちになりたいのは，魅力的に思われて人に話しかけてもらいたいから」と，自我肥大に見えた欲求が，実は脆弱な自己愛から生じたものであると話した。すると，グループで初めて他メンバーと張り合う自己主張を見せたが，多くは沈黙していた。

　個人治療で，形や周辺部を気にして，中心的不安を考えないですませる置き

換えなど，A男の防衛機制について話し合うことが増えた。するとグループで，他メンバーの防衛的な会話にイライラと介入するようになり，筆者の防衛の指摘を攻撃だと感じていることがわかった。実際に，グループでA男の防衛的言動を指摘した時は，筆者にガミガミと言い返し，一方個人治療では，「身体の病気不安」を再燃させた。〈防衛を指摘する筆者への怒りを，身体的不安に置き換えて，筆者への依存を守った。問題を変えたいが変えたくない，両価的な気持ちがある〉と，現在の筆者との"今ここで"の関係を解釈すると，「親に不満を持つのを許されなかったので，指摘に添った考えをすることで怒りを感じないようにした」と，これまでの親との関係を洞察した。その後のグループで，最近のA男は自分でやるように変わったと指摘されたが，「ピンとこない」と否認した。

88回でA男が虚無感や倦怠感の消失を話した際に，2年後の筆者の退職で，すべての治療が終了する可能性を告げたが，反応はなかった。

修士論文を完成させた92回で，「最近寝そべる父を見て，将来自分もならないかとイライラする」と，父の価値下げと同一化への不安を示した。論文を完成させたことで全能的，男根期的な自信を強め，父を価値下げしたようだが，これまで両親に呑み込まれ，去勢状態にあったA男が，初めて示した男性性だと感じた。しかし，この自信は未熟なものであり，父の博士課程進学の勧めや，教授の修士論文発表の勧めを断り，「何の変化もない……何もしていない」と沈黙する治療への抵抗が現れた。筆者が，〈修論完成に治療効果を感じると，治療関係が終ることへの分離不安が強くなり，退行した可能性〉と，〈筆者との面接開始直後にも不登校や沈黙する抵抗を示した〉ことを言うと，「今思えば，大学院入学時に，研究のテーマを教授らに聞けばよかった。自分で考えたことがなかった」と，適切な依存について洞察を深めた。防衛解釈をする筆者に向けた"今ここで"の否定的感情が，転移解釈を通じて，過去と現在，依存関係の中で生きることへの洞察につながった。

第Ⅳ期（自分で考える）

グループで，親の敷いたレールへの腹立ちと共に，「自分の欲求と合っていたので，自分が選んだものでもある」と自己責任を認めるようになって，博士

課程に進学した。父の意見を重視し，父を同一化の対象としたＡ男を感じた。

　この頃，グループの女性メンバーの父が急死し，Ａ男がそのメンバーの気持ちに添った支持をして感謝された。すると，その女性メンバーに好意を持つ男性メンバーから，執拗に沈黙がちな点を指摘される嫉妬を向けられた。また，男性から関心を向けられるその女性メンバーに，他の女性メンバーたちがさまざまに不可思議な関わりをし，当の女性メンバーが怒り続けるという，闘争‐逃避状態が１年近く続いた。Ａ男はグループの闘争状態で，突然立ち上がって「もう嫌だ。やめたい」と叫んだり，「人ごとだと思わないように」と言ったが，多くは沈黙を続けた。筆者がこの態度を取り上げると，これまで常に明晰だったＡ男が，他メンバーや母に似た意味不明の話をし，個人治療では「他メンバーや筆者も，一方的に独り言を言っている」と言い返した。このように筆者への否定的情動をどちらの治療様式でも表出するにつれて，「自分は怒りっぽい。大学ではそれを出さないために黙っているのか」などの洞察を深め，穏健な男性メンバーや父と話すようになった。

　また，個人治療でチラッと筆者を見るＡ男の行動を取り上げた際は，「鏡で見る自分が暗くて嫌なので，人に見られたくないのだ」と顔をそむけ，身動きが大きくなって椅子から立ち上がってしまうなど，自他を意識すると行動の統制が利かなくなる様子を示した。そして，「両親のレールに乗りながら，脱線する寸前まで勉強せずにいて，両親をゼロにしたつもりで，自分の力で頑張るパターンをよくやっている」と，両親の自己愛的利用を自覚した。

　グループ解散３カ月前頃の個人治療で，「腹が気持ち悪い。好きな友人が好きでない友人と話をすると，面白くない」と身体化と独占欲の強まりや，「研究が進まず，人と話さないので，寂しくて死にたくなる」孤独感を話し，グループでは「知識や常識で態度を決めるより，実際の相手との交流で，仲間であるか否か，優しくするか否かを決める方が，生きた感覚で面白い」と，生き生きした人との関係を話した。その後，研究室でＡ男が初めて能動性を発揮した提案を行い，受け入れられる体験をした。

　165回，父母同席で筆者退職後を話し合った際，筆者が〈父がＡ男に厳しい評価をし，Ａ男がその通りになることで，反抗していないか〉と，父子間の受動的な攻撃様式を指摘すると，Ａ男が同意し，父も祖父との間で同様の関係が

あったことを想起した。その後にA男は,「自由に話をして,治療後に元に戻れるのか?」と筆者と別離後の心許なさを言い,その後の数週間,激しい腹痛が続いた。〈筆者の退職,グループの解散など人との関係の変化に,死を考える〉分離不安を解釈したが,反応はなかった。178回で,希死念慮の強まりについて父母同席で話し合った際,父は「子ども時代,母が過保護だと思った」,母は「前主治医に相談してもいいか?」と他を非難あるいは頼る反応をし,対応策を持たなかった。それもあって,グループ終了後も個人治療を継続することにすると,A男は「何もしない」と言う一方,「学内会社に入った。その会社をやめるのは駄目だと誰でも考える。誰でも,自分がそう考える」と涙ぐんだ。筆者との治療継続が,A男の社会参加を動機づけると言いたいようだった。最後のグループでは「目標を決めなかったので,グループで達成したことはゼロ」と総括した。人間関係から分離する実際の体験を通して,否定的情動のさまざまな状態を体験した。

第Ⅴ期(自分で生きる)
　197回で,筆者が〈グループ参加中は研究が進んだ。A男の肯定的な面を他者が認める場では生きられる。A男自身が自分を肯定しないので,一人になると生きられない〉と自己愛の障害を解釈し,〈これまでは,A男に代わって父母が考えたことに,A男が形を合わせてこなしたが,その中身を取り入れて,自らを変容させることがなかった〉と,親を内在化する課程で,「取り入れ」段階に半ば意識的に留まっている関係を指摘すると,「その問題を考えたい」と言い,490回余の現在まで,学内会社の仕事を楽しみ,しかし他者との会話を楽しめないことに悩みながら,依存と自立についての話し合いを続けている。

2) B子　女性　20代
　主　訴:「癒しの心理療法で就職,結婚したい」から,「妄想を治したい」に変化。
　診断名:神経症から,統合失調症の疑いに変遷。
　現病歴:高校2年時に,男子学生にいじめられて服薬自殺未遂,以後精神科で投薬治療を受けた。短大に入学後,父の会社の相談室で8年間,2人の心理

学者による心理療法を受けた。不登校気味に通学後卒業し，就職したが，数カ所の会社を3日から半年の間に「いじめられて」辞めた。カウンセラーになろうとしたが，大学入学が困難だと思った頃から，迫害的な内容の幻聴，妄想様観念が生じたことを後に語った。この後の6年間は家庭内にひきこもり，人間関係を迫害的に感じ，家族への暴力（「人殺し，母は人間でない」などの暴言，アルコールを飲んで暴れるなど）があり，家事ができなかったが，試食販売のアルバイトは数回できた。父の退職で相談室が利用できなくなり，筆者との心理療法が開始された。

生育歴：第一子死亡後に生まれ，父や祖父母から可愛がられた。2人の妹は大学を卒業し，専門職についている。「何事にもとろい」B子は，幼稚園，小学校でいじめられてつらかったが，小学高学年で「強い子にピタッとひっつくとうまくいくことを知った」。父が大学進学を強く勧め，母が勉強を厳しく課したが，B子は勉強せず，母がとても怒った。中学で，教師に「明るく素直ないい子」と誉められて人気者になり，いつも「いい人でいるようにした」。

予備面接：癒しのカウンセリングを希望し，前治療者が「父母に"B子の言うようにして下さい"と言った」と強調した。「自立して常勤の仕事につくか，結婚したい。支持やアドバイスで達成したい」と希望し，「対人関係がうまくいかない」「B子がとろいので仕事が憶えられない」問題があると言う。集団心理療法や，B子の問題を同定して，その解決を目指す個人心理療法を提案すると，「精神病の患者と自分は違う。恥をかきたくないので両療法とも受けない。癒しやアドバイスの心理療法で望みをかなえて欲しい」と迫った。断ると，ムッとして帰った。1週間後に母と共に来院した時は，要求がましさが消え，恥ずかしそうに「就職，結婚したい。筆者の提案する心理療法で達成したい。現在，迫害的，妄想的になることに困っていて，それを治したい」と希望した。なぜ迫害妄想が生まれるのかを考え，できれば治したいが，就職，結婚を含めて必ず達成できると保証できないと明確化した上で，コンバインド・セラピーを提案し，受け入れられた。

見立て：イドと超自我からの欲求が葛藤なく同時にあり，両方の実現を他者の力で行わせようとする万能的依存願望が顕著である。甘やかす父との関係が転移されているが，長期にわたる心理療法で，治療者の支持機能がB子の自我

8. 精神分析的につながった個人及び集団心理療法　143

機能を代行するものになった，二次的疾病利得への引きこもりの可能性もある。したがって，自立を目指す治療では強い陰性転移が生じるだろうと予測されたので，コンバインド・セラピーによる２つの治療様式を使用して，強い感情の表出を促し，それを取り扱うことにした。筆者の見立てとして，心理テストから「統合失調症性人格障害」水準にあると判断した。

治療構造：週１回１時間，対面法の個人心理療法を 285 回，週１回 80 分の集団心理療法〈以下グループと記載〉を 189 回行なって，それぞれ終結した。グループは 20 回ごとに出入り可能なセミクローズド集団で，４〜８名が参加，Ａ男もメンバーである。治療者は 50 代心理士である筆者と 20 代女性精神科医，時々３カ月間心理学科大学院学生が参加した。

面接内容：〈　〉は筆者の言葉，○回は個人治療回数，（　）は状況説明を示す

第Ⅰ期（投影と退行の蔓延）

　　１回　窓……中学時代「良い子だ」と誉められ，友人が多かった。勉強はそんなにできなかったが，皆が私のことを知っていた。高校に入ってなぜ皆に嫌われたのだろう。良い子でいるようにしたのに。就職して仕事が憶えられなかった。頭が悪いから仕方がないが，なぜ妹と違うのか。しかし妹には助けてもらった。グループで年配の女性にズケズケ言いましたか？　私は早く知り合いたかった（と，グループメンバーに対するＢ子の言い分や釈明を一方的に話し続けるが，事実誤認が多く，何の話かが筆者にわからない）。〈他メンバーに対するＢ子の釈明を，筆者に言いたい？　他メンバーの指摘をＢ子はどう思った？〉ズケズケ言いましたか？〈他メンバーは「Ｂ子がどんどん聞いてくる」と言っていた〉年配の女性は，子どものことを聞かれるのが嫌だったでしょう？　そして〜だったでしょう？　〜でしょう。〈他メンバーがＢ子に指摘した話は？〉甲は〜，乙が〜〈他メンバーの話をするのか？　Ｂ子の話から逸れていくが〉……いつの話か？〈Ｂ子の話は人や時間がずれていく〉（別の話）〈筆者の指摘をＢ子がどう思うかが抜ける。反論を言わないようにしている？〉……（別の話）〈Ｂ子と筆者間の言葉が，心を伝えあうものではなく，別のものになっている。Ｂ子の周りに厚い壁があるように感じる〉壁……云々，あると思う……診察カードを出さなくていい？　〈……〉（カードを出す）。〈わかっていることを尋ねたのは？〉筆者が怒っているのかと思った。〈それで，Ｂ子の頭が悪いような話をして，筆者との関係をつないだのだろうか〉

　以後の個人治療で，「どうすればＢ子が働けるようになるかを，先生が知っ

ている」という主張と,「B子の我慢が足りない」という自省を同時に言う.B子の話し方がグループメンバーの一人と同じ巻き舌になる,母の記憶をB子の記憶のように話し,B子の考えが他者の考えであると断言するなど,自他境界を喪失し,自他一体化した話が続いた。グループでは愛想よくニコニコし,上記のような考えが生じたと思われる時には,話を次々にずらして会話の成立を妨げた。個人治療で語るグループメンバーへの不信を,グループでは一切話さず,その理由を「怒られる,悪口を言われるので恐い」と被害妄想のように言うが,「喧嘩になる」と状況を正確に認識しているようでもあった。7回で「私の話が人に伝わらないのは"どもり"だから? どもりの話は通じ難い。私の話も通じ難い。だから私はどもりかと思った」と思考障害を示した。

　グループで,自分自身を「無口でおとなしい」と言い,他から「頑固」と言われて傷つくと,個人治療で「グループや個人療法で,B子の問題が一挙に解決されるはず」と強く主張した。〈治療で万能的に解決するのは難しい〉と再度明確にすると,筆者が言った内容を「グループ他メンバーが言った」と言い,怒った。この間,筆者も混乱が強まり,面接内容が記憶できなくなる逆転移が生じた。〈筆者に直接怒れないので,他メンバーがしたことにずれて,他を怒った〉と解釈すると,筆者の記憶力が回復したのに気づいて,"B子の防衛機制を考えることで,筆者の治療者機能を維持しよう。わからないと言うことでB子との境界を作ろう"と考えた。グループでも,他メンバーから「B子がずれるのは怒った時」と指摘され,15回で「とろいのとずれるのは違う。ずれるのは生まれつきではない。私は臆病で緊張している」と,ずらす防衛に至る感情を考えるように見えたが,「仕事で怒られたと言ったのは,私が怒っていた。私がいるのに"あほやな"と言われて,泣いたのはずれている」と,当然の感情を「ずれている」とする"ずらし"も頻発させた。B子の自己洞察は自己愛を傷つけ,激しい怒りとなった。

　そういう中でも,「グループで生の人間に触れ,自分の空想の中の人間との違いに気づいた」と言う健康さも見せ,その後の数回は軽躁的な愛想が減り,抑うつ的になった。筆者は,B子の不可解さが,前治療の喪失を躁的防衛しているためかと考え,前治療者らへの気持ちに焦点を当てた。すると"エリートになりたい"願望が出現し,長年にわたって繰り返し語った。内容は「エリー

トと結婚したい。父が私とエリートとの見合いをアレンジできるはずだ。いじめた男子に，社会的地位の違いを見せつけてやりたい」というものであった。前治療者らはエリートと言われる人たちで，その喪失を一体化によって防衛する内容だと思われた。21回で，自殺の契機を「男子がB子にポテトチップスをくれると言い，B子が断ったことで"変わっている"と言われた」が，「意味がわからない。いじめだ」と，ニコニコして話した。異性との交流にB子が緊張したようだが，話し合うことができなかった。

　筆者の明確化や直面化が増えるので，前治療者の治療との比較を問うと，「前治療者は必ず治ると励ました。わからない話を我慢して下さった。それでは治らないから，（直面化を）続けて欲しい」と答えた。また「なぜ，高校と中学は違ったか」の問いを繰り返すのに，〈いい人を演じるやり方が中学では通用したが，高校では見抜かれた〉と筆者の考えを言うと，「先生は私が幼稚だと言った」と言う。〈B子が筆者の話を聞いて，自分が幼稚だと思うと，筆者が言ったことになる〉と話しあった。また「他者が怒って，B子を裏切る」と執拗に疑うのは，〈B子がグループで良いことだけを言い，個人治療で怒りを言うのを，B子自身が他メンバーへの裏切りと感じるのではないか？　裏切る痛みを持ちきれず，他が怒ったと感じ，裏切るのは他者だと貼り付ける〉と解釈した。B子は「私が怒ると，いいところがない私がどうなるのかと思うが，変なことをしてきたのはわかる。先生との距離が近くなった」と反応した。

　　30回　私は人に貼り付ける，と先生に言われた。どうしたらしなくなるのか。訓練しないといけない。どうすれば治るのか？……確か先生が言ったと思うが……云々（筆者は記憶不能に）。そういう時，先生は私が怒りを持っていると言った……怒りですね。妹が結婚で悩んでいる。姉なのに先を越された嫉妬を感じた……その時，ニコニコしていい子になる。グループで私が〜と言われましたね。〈具体的に？〉……怒りです……貼り付けると言われましたね……〈何の怒り？〉……云々。〈筆者にはよくわからない〉先生には5人患者がいて，2人は治って2人は逃げて1人は悪くなったと言われましたね。私と同じような患者がいたと言われましたね。〈B子と同じ？〉貼り付けるところです……。〈？〉ポテトチップスの時です……白板に書いて下さいましたね。……〈筆者の記憶では，書いた内容がB子の話とは違う〉そうですか……。アルバイトを2日ほどしたいが，どこも受からないのは私が（と自責を言うが，思うようにならない怒りが顕著）。〈アルバイトなど筆

者と相談してからという約束〉忘れていた，すみません……。〈筆者がすべて許すはずと思った？〉……見棄てられた気がする。私の問題に関心がないというか……。〈B子が謝った内容を明らかにしようとすると，見棄てられたと思う〉……

「父母にも違う話にすると言われた。ありのまま言うと怒られるのが恐いので，言えない」と被害的だが，「学歴コンプレックスを強調して，先生におかしいと言われたい」とも言う。〈B子が台本を書く劇〉という明確化に，「病気コンプレックスを強調するのは，世話を得たいから，と以前先生に言われたが，それかもしれない」と二次的疾病利得を考えるように見えた。その後，B子が持つ強い羨望がつらいという訴えが多くなった。44回で「頭では，誰にもいいところと悪いところがあると分かっているのに」と，知性と感情の葛藤を話すようになると，家族内で衝動が統制できるようになり，主治医に「調子いい」と報告した。

執拗なアドバイスの要求について，46回で，〈B子が"今ここで"他者の言ったことだけを記憶し，自身の言ったことは忘れるので，アドバイスが要る〉と指摘すると，「どうしたらいい？」と，考える作業を丸投げした。〈これまで父母がB子に教えた。その結果が悪いと，父母が悪いと怒る一方で，怒るB子は加害者だと苦しんだ。それを繰り返さないために，筆者はアドバイスしない〉と転移を解釈し，観察自我を強化する関わりをした。また，B子の問題を指摘した際に，不確かな英語，過剰な気遣いや敬語の使用で反応するのを，〈嫌な指摘をした筆者へのB子の怒り方〉と，反動形成で防衛されたB子の感情を解釈した。このように防衛機制を話し合うと，軽い下痢や胸のむかつき，憂うつ感が出現した。これらを〈B子がこれまでのやり方を直すのは，馴染んだ世界を喪失する痛みを生むはず。身体化や台本書きで筆者に依存し，世話されることで，その痛みを癒そうとする〉と解釈した。

第Ⅱ期（感情が示され始めた）

60回で妹が出産，祝福を受けることへの嫉妬と共に，姉としての喜びを語ったが，グループでは，妹への感情を転移した「美人で優秀な」C子に意地悪をした。この意味を個人治療で探索し，グループでB子が軽視されると感じる寂しさを，感情を伴って語った。他メンバーの問題について，B子の理解が適

切だと話し合った際，それをグループで話すのは「怒られるので恐い」と言う。しかし，筆者とは他メンバーの話をしたがると指摘すると，「個人面接で，他メンバーに勝とうとしている」と気づいた。B子が親をわずらわすことで，優秀な妹から母を取り返せた姉妹葛藤転移を話し合った。

B子の"ずらす"発言が，やっとまとまったグループの結論を壊したと筆者が指摘した時，「グループで先生が言い詰まった言葉を，B子が"奇異"と補ったが，"奇異と言われました"と言うべきだった。目上に失礼だと先生が怒っている」と，筆者の怒りの問題にずらした。この探索で「B子が怒るから，先生も怒るはずと考えた」"貼り付け"をB子が実感した。するとその後のグループで，C子への怒りの気持ちを初めて表出し，「嫌な気持ち」になって，「除け者になりたくないのでよろしく」とグループメンバーに頼み込んだ。

この頃から発言と気持ちがつながり始め，家事手伝いが可能になった。「第一子の死亡後，B子の誕生を父が喜び，なんでもB子の思い通りにさせた」ことを想起したので，〈万能的なB子中心の世界を体験していた。現在も再現させたい〉と解釈した。

> 66回　グループで嫉妬を話したことで，その気持ちが小さくなったことに気づいた。嫉妬されたC子は嫌な気持ちがしただろうが，これからも私と話をして欲しい。嫉妬は以前にはなかったと言ったが，嘘を言った。〈嫉妬するB子自身に，敏感だと思う〉友人は，大学進学すると言った私が，アルバイトをしているのを確かめる電話をしてきて，鼻先で笑った。同窓会は，幸せな人がどれだけ幸せかを誇るところだ。私は仕事も結婚もしていない。〈B子と他人が違うと嫉妬心が？〉……もう一度言って欲しい。学歴の高さと綺麗さが，C子への嫉妬の源。私が三高の男性と結婚したいのは，夫の高さまで私が引き上げられるから？と先生が言ったが，そうだと思った。〈どうしてその高さまで引き上げられる必要がある？〉怒られないから安心。〈誰に怒られる？〉友人……。以前，私の力のなさを怒っていたのは両親だが，今の両親は私にそういう期待を持っていない……。私はいじめられて自殺したと言ったが，からかわれただけだと今は思う。私が固くなってしまったので，からかう方がどうしていいかわからなくなったのだ。でもその男どもを，彼らがとうてい行けない大学卒の人と結婚することで見返したい。〈両親が怒るという文脈が，B子が怒るに変わった？〉……。

以後285回の個人療法，189回の集団療法を終了し，現在は抗精神病薬を服

用して，アルバイトを続けている。

III. 考　察

　A男の「なんのために生きるのか」，B子の「妄想を治したい」という治療目的に対して，精神分析的なコンバインド・セラピーはどのように働いたのだろうか。A男，B子の多くの問題の一つに，適度な自己愛の発達が障害されているために，他者を取り入れ，あるいは呑み込んだ自己状態で生きていることによる障害があることが明らかである。

　ここで自他の関係を整理しておきたい。フロイトは，集団心性に挙げた「同一視」を，比較的発達が進んだ三者関係が取り扱える4〜5歳以降に限定し，自己と対象が分化した中で，対象を自己に重ねる方法として述べたが，後に「一次的同一化」として発達早期の同一化概念にも言及していたことを，松木が紹介している。この発達早期の同一化は，対象関係学派によって精力的に研究がなされ，「内在化過程」概念として整理され，体内化，取り入れ，同一化の発達ラインで示されている。ちなみに「体内化」とは，自己と対象が未分化な状態で，空想内で対象の一部，主に母親の一部を自己に取り入れたり，吐き出したりする様式で対象と関わっている。「取り入れ」は空想内に対象全体が保持できるようになった段階であり，親の養育態度や禁止を取り入れることで，自己に一定の変化が起こるが，取り入れられたものはまだ異物と感じられている。「同一化」段階で，やっと取り入れられたものは自己の構造の一部となり，行動を制限し，適応を助けるものになるといわれる。適度な自己愛の発達には，発達早期からの自他の関係が重要であるが，この関係が内在化過程であり，この過程を一貫して押し進めるものが自他への「依存」と「攻撃」欲動である。

　「依存」が，欧米で抑圧，否認される理由は，語源に「ぶら下がる」意味があり，一方が他方よりも必要とするものが多いという，非対称的で不均衡な関係を表すことにある。また，発達心理学や精神分析の文献では，依存する側の「内因的な欲求システム」のみを説明し，依存を与える側にある意味を無視，あるいは軽視してきたことにもその理由があると，依存に関する多くの文献を調べたF・A・ジョンソンは述べた。一方日本では，土居が指摘したように

「甘え」あう相互関係が，意識的に洗練された形で存在している。

「依存」にまつわる上記の問題を避け，母子の結びつきのあらゆる特徴を明確にするために，J・ボウルビーが「愛着」概念を導入した。M・S・エインズワースが，愛着を「個人が……自分自身と他の特定の個人との間に形成する……感情的な結びつきや絆」，依存を「焦点の定まらない一般化された反応」と定義した。そして，愛着はかなりの期間持続し，別の対象に転移されないが，依存はうつろいやすく他のものに置き換わりやすく，幼い子どもの頃に学習した依存行動が，後になって一般化されやすいことを認めた。これら質的な関係に加えて，2人の人間が作り出す「緊密な心理空間」の量的な関係を研究したトロールとスミスは，住居の近さ，相互行為の頻度，物質的な援助の量による「愛着の強さ」を測定する試みをした。そして，強い愛着には「距離の近さよりも感情が重要」であり，「感情の強さを測定しようとする場合，強い否定的な情動が，肯定的な情動と同じくらい，あるいはそれ以上に人を結びつける力を持ちうる」ことを指摘した。以上はF・A・ジョンソンの文献調査からの引用である。

焦点を定めない万能的な依存欲求を，A男とB子は周りに転移したが，同時にこれは2人がわずかに示した他者との交流のきっかけ，動機でもあった。一方，2人は両親に対して強い愛着と見棄てられ不安を意識していた。そして，この愛着欲求の不満や見棄てられ不安が，両親から自分に向け換えられて，「なんのために生きるのか」や「迫害妄想」で自分を攻撃する超自我を作動させていた。この超自我は，「取り入れ」段階にいるA男の内部の，異物としての親像であり，「体内化」段階にいるB子の内部の，goodとbadに分裂した親像のbad部分である。2人の親子関係に，愛着の強さの一面である「否定的な情動」感情を受け入れる機能が乏しいために，異物が居残り続け，bad部分が強力になった，と筆者は考えている。

家族を含む集団への協調を求める日本では，甘えを許す反面，"今ここに"ある関係への否定的な情動は，特に否認し，抑圧される文化を治療背景として持つとした，「はじめに」における仮定からも，この情動の受け入れ，意識化は治療的でありうる。そして，"精神分析的に結びついた個人及び集団心理療法"は，この否定的な情動の受け皿として，非常に優れた機能を有する。

A男はグループにおいて，最初は個人治療の効果，後にグループの効果を，同席する治療者である筆者への顧慮なく，露骨に否定した。一方個人治療では，筆者への依存を最初は"使用"して，後には真に依存して，より原始的な思考や感情への退行，転移過程の探索，内面の洞察を進めた結果，自分と他人，自然な感情，他者との感情を伴った関係性を発見した。A男は，自らの否定的情動が依存対象を破壊してしまうと恐れる，抑うつポジションにいた。この危険な否定的情動を，グループを受け皿として"使用"することで，両親や筆者への依存プロセスを守っていた。

　一方B子は，個人治療でグループメンバーを被害妄想的に激しく恐れ，攻撃したが，グループではメンバーに"ピッタリ"と依存した。B子の内面は，多くの部分が妄想 - 分裂ポジションにあり，グループを"分裂させた"悪い対象と感じた。そこで，個人治療を"分裂させた"良い対象にして，グループ体験の否定的情動の受け皿として用いて，B子がグループに関わり続けるプロセスを守った。グループでメンバーを信頼する体験を得て，個人治療での観察自我が機能し始めたのは，妄想 - 分裂ポジションから抑うつポジションへと内的発達が進み，両価性が減少したためである。

　いずれのポジションにあるにしろ，コンバインド・セラピーでは，対象に対する否定的な情動が，最初から葛藤せずかつ直接的に，どちらかの治療様式で表出されるのが印象的である。P・F・カウフも，治療者に対する陰性転移が特に強い時には，"つながった個人及び集団心理療法"の様式が，一方が他方より脅威が少ない状態で強い感情を表出し，取り扱えるので，特に有効であると述べていた。

　ところで，高橋はグループを「"自身であって自身でない"移行対象として用いることで，自己は個人で自己感を強める」と述べた。この考えを用いて，A男やB子が治療内で感じた否定的なものを含む情動を，一方の治療様式を移行対象として用いて，実際に体験しているのだと筆者は考えた。そして，"つながった個人及び集団心理療法"においては，グループと同様に個人心理療法の関係をも，移行対象として用いることが可能であることが明らかであった。そして，この両治療を移行対象にして転移された情動を，精神分析的に中立的，受身的に観察しながら，かつ母親 - 子どもユニットに似た個人療法で，私的で

親密な相互作用と"抱っこ"機能を提供しつつ、また、"グループ全体が一つのもの"となる集団力動を理解しながら、明確化、直面化、解釈を行なう"同じ治療者"の存在が、否定的情動に含まれる強い愛着の洞察を可能にして、自立への促しとなった。この各装置が、精神分析的なコンバインド・セラピーの治療効果に寄与するのだと、筆者は考えている。

すなわち"精神分析的な"コンバインド・セラピーは、状況的正義に拠って否定的情動を抑圧する文化を持つ日本にあって、精神分析の背景文化にある倫理的正義が加味された移行対象として、否定的情動を受け入れる受け皿となり、自己感を強め、自立を果たすことに役に立つのだと考える。

ところで移行対象とは、最初の愛の対象との経験が、内的な表象として安定した状態になったことを表す対象恒常性へと進展していく途上で、分離体験をなめらかにする物理的な対象や運動が、"母親対象"の代替となることをいう。R・M・ホングは、彼の言う"アングロサクソン文化"における大部分の子どもがこの傾向を示し、添い寝が行なわれている文化の子どもとは対照的であることを、イタリアと韓国の子どもの比較で明らかにした。日本はもちろん韓国に近い文化圏にあり、移行対象を持ちにくい文化、すなわち"母親対象"の代替を必要としない背景文化を持つことになる。土居のいう「甘え」が日本に存在するのも、甘える者と甘えられる者の間にある相互関係を自明のものとし、一生をその関係に依存して過ごす、したがって自立のための「移行対象」「母親の代替」をあまり必要としない精神発達を生む背景文化と関係するだろう。それならばなお、精神分析的なコンバインド・セラピーは、従来の日本の文化、行動規範に欠けがちな、分離、自立能力を育てる移行対象機能を、心理治療に優れて提供する治療様式だと言うことができる。

今後もさらに治療経験を重ねて、考察を深めたい。

謝辞：この論文は、第53回日本精神分析学会および大阪精神分析セミナー、日本精神分析的心理療法フォーラムで発表したＡ、Ｂ氏の個人心理療法内容に対して、恵泉女学園大学　福本修先生、大阪市立大学　成田善弘先生、広島市精神保健福祉センター　衣笠隆幸先生、現 京都大学　松木邦裕先生、御池心理療法センター　平井正三先生にご助言いただいたものと、第22回日本集団精神療法

学会で当集団心理療法内容を発表し,九州大学 野島一彦先生,静岡大学 太田裕一先生,大阪精神分析セミナリー 高橋哲郎先生にご助言いただいたものを参考にしてまとめた。また,高橋哲郎先生には個人および集団心理療法のスーパービジョンと論文作成のご指導をいただいた。

皆様に心からの感謝を申し上げます。

文　献

1) Storr, A. (1972) Human destructiveness: the roots of genocide and human cruelty. Routledge, London. (高橋哲郎訳:人間の攻撃心. 晶文選書, 1973.)
2) Ainsworth, M.S. (1976) Attachment and Dependency: A Comparison. In:Gewirtz, J.L. Ed., Attachment and Dependency. Winston, Washington,DC.
3) Bowlby, J. (1969) Attachment: Attachment and Loss. Vol.1. Basic Books, New York.
4) Bowlby, J. (1972) Separation: anxiety and anger: Attachment and Loss. Vol.2. Basic Books, New York.
5) Bowlby, J. (1979) The Making and Breaking of Affectional Bonds. Tavistock, London.
6) Bowlby, J. (1980) Loss, Sadness, and Depression: Attachment and Loss. Vol.3. Basic Books, New York.
7) Fromm-Reichmann, F. (1950) Principles of Intensive Psychotherapy. The University of Chicago Press, Chicago. (阪本健二訳:積極的心理療法, pp.77. 誠信書房, 1962.)
8) Hong, K.M. (1978) The Transitional Phenomena. Psychoanalytic Study of the Child 33:47-49.
9) Johnson, F.A. (1992) Dependency and Japanese Socialization: Psychoanalytic and Anthropological Investigation into AMAE. New York University Press, New York. (江口重行, 五木田紳訳:「甘え」と依存. 弘文堂, 1996.)
10) Johnson, F.A. (1985) The Western Center of Self. In:Marsella, A.J., Devos, G., and Hasu, F. eds., Culture and Self. Tavistock, New York.
11) Wisdom, J. (1985) Types of Group: Transitions and Cohesion: Emergent Properties. Int. Rev. Psychoanal. 12:73-85.
12) Caligor, J, Fieldsteel, N.D.J., Brok, A. (1984) Combining Individual and Group Therapy. Jason Aronson Inc. Northvale, New Jersey, London.
13) 熊倉伸宏, 伊東正裕 (1984)「甘え」理論の研究. 星和書店.
14) Lebra, T.S. (1976) Japanese Patterns of Behavior. University of Hawaii Press, Honolulu.
15) Nakamura, H. (1964) Ways of thinking of Eastern peoples: India, China, Tibet, Japan. Honolulu East-West Center Press.
16) Kauff, P.F. (2009) Transference in Combined Individual and Group Psychotherapy.

International Journal of Group Psychotherapy 59(1).
17) 高橋哲郎 (2006) 集団と個人の関係を探る. 集団精神療法 22(1).
18) 高橋哲郎 (1988) 子どもの心と精神病理. 岩崎学術出版社.
19) Takahashi, T.(1991)A Comparasive Study of Japanese and American Group Dynamics. Psychoanal. Rev. 78(1):58-59.
20) Troll, L.E., and Smith, J. (1976) Attachment through the Life Span: Some Questions about Dyadic Bonds among Adults. Human Development 19:156-70.
21) 手塚千惠子 (2007) 多様な病態水準で引きこもり症状を示す患者達のコンバインド・セラピー (1). 集団精神療法 23(1).
22) 手塚千惠子 (2010) 多様な病態水準で引きこもり症状を示す患者達のコンバインド・セラピー. 力動的集団精神療法 第10章. 金剛出版.
23) 土居健郎 (2000) 土居健郎選集2:甘え理論と集団. 岩波書店.
24) 土居健郎 (1971) 甘えの構造. 弘文堂.
25) 土居健郎 (1985) 表と裏. 弘文堂.
26) 土居健郎 (1972) 信仰と「甘え」. 春秋社.
27) 土居健郎編 (1967) 精神療法の臨床と指導. 医学書院.
28) Ganzarain, R.(1989) Object Relations Group Psychotherapy: The Group as an Object, a Tool, and a Training Base. Int. Univ. Press, New York.(高橋哲郎監訳:対象関係集団精神療法. 岩崎学術出版社, 1996.)
29) Ganzarain, R. & Buchele, B.(1988) Fugitives of Incest: A Perspective from Psychoanalysis and Groups. Int. Univ. Press.(白波瀬丈一郎訳:近親姦に別れを. 岩崎学術出版社, 2000.)
30) Ganzarain, R.(2000) Group-As-a-Whole Dynamics in work with traumatized Patients: Technical strategies, their rationales, and Limitations. In:Group psychotherapy for psychological trauma. Guilford Press, New York.
31) Bion, W.R.(1961) Experiences in Groups and Other Papers. Basic books, New York.(対馬忠訳:グループ・アプローチ. サイマル出版会, 1973.)

9. ある境界例女性の病院治療に関する 精神分析的考察——治療文化をめぐって

岡田　暁宜

I. はじめに

　現代の精神医療における精神分析的治療の位置づけは，短期精神療法や薬物療法の発展に伴って，以前と比べて変化している。それはとくに境界例治療において顕著である。境界例の概念と治療は，この40年の間に様々な歴史的変遷を経て大きく変化している[10]。近年，境界例治療における関心は，精神療法からケースマネージメントへ，精神分析的精神療法では表出的接近から支持的接近へ，精神療法では精神分析的精神療法から認知・行動療法へ，そして入院治療では長期入院から部分・短期入院へ，と変化している[4]。だが歴史を辿ってみても，境界例の病理の理解と治療に対する精神分析の貢献は大きく，現在でも精神分析的治療は境界例の治療の根底にあると言っても過言ではない。

　精神分析的治療は"治療"であると同時に，"営み"でもあり，一つの治療文化（therapeutic culture）を形成している[2]。これは精神医学的治療文化（psychiatric-therapeutic subculture）といえる[7]。精神医学的治療文化は，治療者の臨床経験，訓練，人格，アイデンティティなどの治療者の個人的因子，そして精神疾患の病因や病理，治療効果，学派などの理論背景などの学問的因子，さらに医療経済や社会動向など社会的因子の総体と考えられる。様々な治療文化の交差する病院にて，境界例の精神分析的治療を行う際には，治療文化の影響を受けると推測される。著者は精神科病院にて，ある青年期境界例の女性患者の精神分析的精神療法を行った。その治療過程において，精神分析以外の治療文化との内的交流が重要であった。本論文の目的は，臨床素材を通じて

境界例の精神分析的治療と治療文化について考察することである。

II. 臨床素材

症例は21歳の無職の女性（以下，Pt）である。Ptは70代後半の母方の祖父母，50代前半の父と40代後半の母親と4歳年上の姉の6人で暮らしている。Ptの父親は代々酒屋を営んできた妻の家の婿養子として家業を継承した。Ptの姉は酒造関係の会社に就いている。Ptが幼い頃から一家総出で酒屋で働いていたので，Ptには店は自分の居場所であった。Ptが18歳の時に両親は酒屋を廃業して，新たに自営業を開業した。これは両親にとって負担となった。その後，Ptは自宅を飛び出して，数歳年上の男性と同棲を始めた。その男性は定職に就かず，ギャンブルに没頭していた。Ptは男性から車を買い与えられ，生活費をもらっていた。やがてPtは理由なく衝動的にリストカットや過食・嘔吐を繰り返すようになった。Ptは男性に見捨てられないように一生懸命に尽くしたが，自傷行為もきっかけとなり，男性から捨てられた。自宅に戻った後，Ptの自傷行為は激しくなり，焦燥感と抑うつで感情のコントロールができず，さらに不安と不眠も悪化して精神科病院のA病院を受診した（X年3月）。

初診以降，週1日の非常勤の女性医師（B医師）が境界例の診断でPtの治療を始めた。B医師との治療関係は良かったが，自傷行為は治まらず医療保護入院となった（X年10月）。B医師の依頼で，常勤の男性医師（C医師）が入院担当医となった。C医師は精神病理を専門とするベテランである。

当時，著者はA病院で週2日の非常勤医だった。Ptが入院してから2週間後の休日に，Ptが割れた手鏡の破片で左手首を切ったので診て欲しい，とたまたま日当直をしていた著者に連絡があった。手首の傷はかなり深く，出血もひどかったので，著者が縫合することになった。両手首には新旧の傷が痛々しく入り交じっていた。処置の後，Ptは「今の担当医（C医師）は嫌だから，先生に担当を代わって欲しい」と著者に訴えた。これはPtの著者に対する病理的理想化であり，B医師またはC医師との関係の中で起きた行動化と考えられたので，著者はその気持ちをC医師に話すようにPtに助言をした。

ところが数日後，C医師からPtの担当医を引き受けてもらえないかと著者

に打診があった。担当医の変更はPtからの一方的な要求であるが，著者さえ構わなければ，担当を交代することは構わない，というのがC医師の率直な気持ちであった。著者はPtの治療に関してC医師と精神医学的な議論を交わしたところ，境界例治療に対するC医師の消極的で悲観的な姿勢を感じた。著者は治療的視点からPtの要求をそのまま受け入れて担当医を交代することに疑問を抱いた。だが結局は，C医師との職場の現実の関係（この場合，職場の上下関係）から，著者（以下，Th）がPtの入院治療を担当することになった（X年10月）。

III. 治療経過

第I期：担当医の交代をめぐって

　Ptは自己破壊的な衝動性が高く，感情が不安定で慢性的な空虚感を抱いていることより，Thも境界例（低～中程度の機能水準）と診断した。Thは入院目標を明確化して，そのために必要だと思われる治療計画を伝え，治療構造を再設定した。Ptはそれらに素直に同意した。ThはPtの悪性退行を懸念して，症状を中心に心理教育的～支持的接近をとった（30分週2回）。

　C医師に対する気持ちを尋ねると，PtはC医師の冷たい態度が嫌だったと述べた。Ptは自分を受け入れてくれる優しい態度を担当医や病院に求めていた。Ptは不眠と自傷衝動を訴えてしばしば不穏になった。さらにリストカットの他にシャンプー液や化粧水を飲んだり，腕に煙草の火を押しつけるなどの自傷行為にまで及んだ。Ptは不穏になると何度も抗精神病薬の注射を希望した。注射には身体的鎮静効果はあったが，精神的鎮静効果は乏しかった。Ptが注射を希望するのは自傷衝動をコントロールしようとする努力だ，と自我の適応的側面を解釈して，注射の回数を増やしたところ，Ptの足部に過鎮静による褥瘡ができた。一日の注射の回数を制限すると，Ptは決められた回数を越えてまで注射を要求した。注射を制限する看護スタッフと注射を要求するPtとの綱引きが繰り返された。だが看護スタッフが注射を強く拒否すると，Ptは辛くなって涙を流した。そのためか看護スタッフはPtに陰性感情を抱くことは少なく，むしろ同情的であった。面接でもPtはThに注射の回数を増し

て欲しいと何度も要求した。Thは副作用を説明して、Ptの期待に添えないことへの不満に共感的に接した。入院前の自宅での様子を尋ねると、両親はPtの対応に困り果てているようであった。Ptは親に自分の気持を分かってもらいたいと述べた。Ptは「お母さんやお姉さんは、私が自傷しないように監視するから嫌だ」と語った。Thは〈親の監視から逃れることが入院の目的でもあるんだろうね〉と解釈した。Ptは頷き、親から離れたかった気持ちを語った。やがてPtは決められた頓服や注射の範囲内で自傷衝動をコントロールできるようになり、病棟での自傷行為はなくなった。退院に向けて、Thは症状への具体的な対応を助言した。結局、Ptは約2カ月で退院となった（X年12月）。PtはB医師の外来に戻ることを希望した。ThはC医師への義務を果たした気持になったが、自分とPtとの関係がこのまま終わるとは思えなかった。

第Ⅱ期：自傷行為をめぐって

PtはB医師を信頼していた。ところがB医師がA病院を退職することになった。これを契機にPtの自傷行為は再燃した。Ptは再び入院を希望したことで、Thが再び入院担当医となった。Ptの様子から今回は任意入院となった（第2回入院：X＋1年1月）。内的ワークが必要と考えて、精神分析的精神療法（30分週1回）を行うことになった。精神療法の方針としては支持的・表出的接近を心掛けた。PtはB医師の退職の話題を無意識的に回避していた。ThはPtの喪の作業への抵抗を受容しながら治療を進めた。Ptは自分の自傷行為で親に迷惑をかけるから少しでも親の負担を減らしたいと語った。Thは今回の入院を自傷衝動から自分や親を守るための適応的行為として解釈した。Ptはそれに納得するのだが、両親との関係を語ろうとはしなかった。ThはPtの"意味をもたない自傷行為"に対して、自傷行為に至る状況分析から始めた。Ptは理由の分からない空虚感と抑うつ感に呑み込まれると、自傷衝動が高まるようであった。空虚感と抑うつの背後にある病理の探索が必要であった。

Ptは「自分の気持ちをお父さんに分かってもらえない」と語った。そこには父親への無意識の愛情希求がうかがわれたが、Ptにはそれをワークする準備はなかった。Thは必要に応じて両親と面接を行った。母親はPtのことよりも家業に時間を取られていた。父親はPtの自傷行為を症状として受け止めず、

呆れ果てて冷視していた。父親が同席した面接で，ThがPtの気持ちを代弁して父親に伝えたところ，Ptは初めて父親に自分を分かってもらえたという体験をした。その直後にPtは初めて長期の外泊を希望し，自傷行為をすることなく外泊を終えて，1カ月で退院した（X＋1年2月）。退院直前に，Thの都合でA病院での勤務日数が週1日に減ることになった。ThはB医師の退職の再現を感じて多少躊躇ったが，これをPtに告げた。Ptは淡々としていた。退院後はPtの希望もあり，Thが外来治療を担当した。

　Thは自傷衝動に対して支持的探索を続けながら，Ptが突然に湧き上がる自傷衝動に主体的に関われるように具体的に援助したが，Ptは自傷衝動に対して受身的に行動に移すしかなかった。Ptは自分で衝動を抑えられないから入院させて欲しいとThに迫った。入院を迫るPtに対して，Thは初めて不快感を抱いた。Thは入院を求める気持ちの背後にある病理を探索しようとした。だがPtはそれをはね除けて，あたかもThから"入院への切符"を奪い取るかのように，Ptは自傷行為を繰り返した。ThはPtに怒りを抱くようになった。結局，Thは危機介入として入院を選択せざる得なくなった。Thは週1日の非常勤医になっていたので，時間的にも空間的にもPtを抱える（holding）ことが困難だと考えた。よって入院中の管理医の必要性を伝えたところ，Ptも家族も同意した。Thが管理医を依頼した常勤の男性医師（D医師）の判断で，医療保護入院となった（第3回入院：X＋1年3月）。

第Ⅲ期：A-T splitの導入

　本治療で初めてA-T splitが導入されたが，ThはA病院でA-T splitで精神分析的入院治療を行うことに内心は心配があった。それは現在のA病院には精神分析的志向性が少なかったからである[注1]。その中で精神病理学を専門にするD医師は，精神分析にも関心があり，境界例患者の自己破壊的行動化に対して揺るがない姿勢があったので，Ptの自傷行為を抑止するには適任だとThは考えた。入院時の治療ミーティングで，ThはD医師とPtの入院の目的

注1）A病院では，1980年代後半に米国の精神分析的入院治療システムを導入して青年期病棟を立ち上げ，青年期境界例の入院精神療法を精力的に行ってきた。その後の精神医療の潮流の中で，現在では青年期境界例に対する積極的な精神分析的入院精神療法は減少傾向にある。

や精神病理の理解を共有できたが、治療感覚については十分に共有できなかった。それは一部に主たる専門性の違いによるとThは感じた。入院治療経過でも、D医師はまるでThの精神療法に関心がないかのように、Thとの情報や意見の交換は殆どなかった。ThはD医師とコミュニケーション不足を感じ、A-T splitを進めづらい気持ちになった。つまりThの心配は的中したのである。

D医師は自傷行為がなくなるまで絶対に外出も外泊も許可しなかった。外泊をめぐってPtとD医師との攻防が始まった。だがPtはその都度、D医師の方針に従わざるを得なかった。ThはD医師のPtに対する"壁"のような対応に一定の満足感があった。PtはThにD医師に対する不満を語り、Thに担当医を代わって欲しいと何度も要求した。以前、PtがC医師に向けた不満をD医師との間でも繰り返している無意識的行動パターンをThは解釈した。だがPtは自分の要求が受け入れられるかどうかにのみに関心があり、Thの解釈ははね除けられた。そしてThとPtとの攻防も始まった。Thは"自分で自傷行為をして入院したのだから自業自得だ"というような冷ややかな気持ちを抱いていた。

第3回入院から数カ月が経過した。ThのPtに対する陰性感情は続いていたが、Thは徐々にPtのD医師に対する不満に共感できるようになった。それはTh自身がD医師との間でコミュニケーション不足を感じていたからであった。やがてPtはD医師が管理医であることに耐えられなくなり、「退院したい」とThとD医師に訴えた。D医師は自傷の可能性を考えて、退院を認めなかった。Thはすぐに退院できないPtの苦しさに共感的に接した。やがてPtは不穏・不眠時にD医師の指示の範囲内で症状が治まるようになり、自傷衝動をコントロールできるようになったので、外泊を許された。やや早過ぎる自傷行動の改善はD医師への面従腹背のような態度にThには感じられた。Ptは自分の努力をThに分かって欲しいかのようにアピールした。ThはPtの努力に自然に共感できたので、Ptの努力を評価した。Pt自身も自分の努力を認めることができた。第3回入院から5カ月後にPtは退院した（X＋1年8月）。Ptは退院してD医師との関係が切れることが嬉しいようであった。

第Ⅳ期：繰り返される入院

　退院後のPtは症状レベルでは安定していた。ところがPtは突然ギャンブル関係の店で仕事を始めた。その行動の背後には，自分が何もしていないことに対する劣等感があった。Ptは職場で不安発作を起こして解雇された。これを契機にPtの自傷行為は再燃した。Ptの自己価値は低下し，抑うつ状態は悪化した。ThはPtが仕事を急いだことを自己価値を取り戻す努力だと解釈し，その背後にある空虚感や自己無力感との関連を解釈した。Ptはそれに賛成したが，自傷行為に対する不安から再び入院を求めた。だがPtはD医師が管理医になることに反対した。Thは第3回入院の時ほどPtに怒りを感じなかったが，やはり入院に積極的にはなれなかった。それはやはりA-T splitでの満足感が少なかったからである。結局，PtはしぶしぶD医師が管理医になることを同意し，医療保護入院となった（第4回入院：X＋2年2月）。

　入院後，案の定，Ptは第3回入院と同様にD医師への不満を語った。ThはPtの不満に自然に共感できた。そんな中，面接（#80）で，Thはふと"嫌いなD医師が管理医になることが分かっていて，なぜPtは入院したいのだろう"という率直な疑問を抱いた。さらに第3回入院時にあたかもD医師の態度に迎合するかのように自傷行為が消失したことを，Thは思い出して〈そんなに嫌なD医師が担当するのが分かっていながら，なぜそこまで入院を望むのでしょうか〉とPtの入院へ対向する反復強迫を解釈した。さらに〈ダメだと言われることを突破することがあなたの目的なのでしょう〉とC医師，D医師，そしてThに向けられた攻撃衝動の無意識的目的を解釈した。さらにそれを父親との間でも反復していることをThは解釈した。PtはThの解釈を黙って聞いていたが，やがて「お父さんにそんな気持ちをもっていない！」と号泣した。これらの解釈はPtの精神療法の一つの治療転機（turning point）となった。

　その後，両親が酒屋を廃業し，新たに自営業を開業したことで，Ptは愛着のある家を喪失し，かつ両親の関心がPtから家業へと移ったことで，Ptの見捨てられ不安が喚起されたことが徐々に明らかになった。Ptはその不安を"挑戦"することで防衛していた。発症時の家出や入院を繰り返すことによって，Ptは自分を見捨てる対象への"挑戦"を再演（enactment）し，同時に見捨てられる状況を再演していたのである。これらの洞察と平行して，Ptの自傷行

為は治まり，1カ月で退院となった（X + 2年3月）。その後，外来で30分週1回の精神分析的精神療法を継続して，Ptは自傷行為も入院もすることなく，ついに毎週の精神分析的精神療法の終結を迎えた（X + 4年3月）。

Ⅳ. 考 察

1) 境界例治療の変遷と治療文化

　境界例の病態水準は様々であり，その治療は一様ではない。かつて境界例に対して積極的に精神分析的入院精神療法を実践した時代があった。そこで特徴的なのは，A-T splitという治療形態である。これは1930年前後から米国で始まった治療的試みに端を発しており，以後，米国の境界例の入院治療として普及した。日本へは1970年代に岩崎によって紹介されて，以後，日本でも普及し始めた。岩崎[5]はA-T splitにおける双方の役割について，管理医は病棟スタッフや患者の病棟での現実の対人関係を中心とした今現在の力動を扱うのに対して，精神療法医は患者の精神内界を中心とした個体発生的な力動を扱うと述べている。1980年代から日本で病院治療に積極的に精神分析的志向性を取り入れる精神科病院が増えていったが，その当時は病院全体に精神分析的志向性があった。その頃の精神医学的治療文化は，まさに精神分析的治療を"抱える環境"であった。

　その後，米国ではマネージドケア（managed care）などの医療経済的影響やevidence based medicine（EBM）による臨床知見を受けて，精神医療の中から精神分析的治療は減少の道を辿っている。それは特に境界例治療において顕著である。日本の精神医療はこれらの米国の潮流に追従している。現在の精神医学的治療文化は，まさに精神分析的治療を"抑止する環境"なのかも知れない。だが現在でも境界例に対する精神分析的治療の全てを否定するものではない。精神分析的治療分化の中で生まれたA-T splitは現在でも広く普及しているが，岩崎[5]が紹介したような管理医と精神療法医の精神分析的志向性にあるA-T splitは，むしろ少ないのかも知れない。著者は精神分析を取り巻く精神医学的治療文化の歴史的変遷に対してやや感傷的になる。この治療文化は精神分析的治療者の臨床に様々な無意識的力動を引き起こすだろう。

2）精神療法の経過に関する考察

　親の家業の廃業と自営業の開業により，家族を仕事に奪われたことで，Ptの見捨てられ不安（abandonment anxiety）が増し，Ptは家を飛び出して他の依存対象を見つけようとするが，それが破綻し自傷行為により病院を受診したというのが治療導入に至る経緯の精神分析的理解である。Thとの出会いには，Ptの既に形成された転移（preformed transference）の存在がうかがわれる。Ptの対象関係は主に部分対象関係であり，分裂した良い内的対象はThやB医師に投影され，悪い内的対象はC医師やD医師に投影されていた。治療初期には，ThはPtの幻想的陽性転移を引き受けながら，心理教育的，支持的そして表出的接近へ，と徐々に探索的に分析を進めた。Thは精神療法の内外の様々な関係の中で生じる逆転移感情を手掛かりにして，Ptの内的対象関係の理解を進めた。

　第Ⅰ期では，PtはThに世話をしてもらうことを求めていた。これはThに対する幻想的陽性転移の表れであった。それに対してThはPtに穏やかな陽性逆転移を抱いていた。ThはPtから良い内的対象を投影され，それに部分的に同一化していたと思われる。ThはPtの自己破壊的行動の中にあるポジティヴな側面を解釈した。これは蘇生解釈（positive interpretation）といえる[11]。第Ⅰ期における症状の改善は，ポジティヴな治療関係におけるPtの転移満足（transferense gratification）が主なメカニズムだと考えられる。

　第Ⅱ期では，外来担当医のB医師の突然の退職にともなって，見捨てられ不安が喚起され，自傷行為が再燃した。第2回入院中，自傷行為に至る状況分析の分析によりPtを自傷行為へと導く見捨てられ抑うつ（abandonment depression）の存在が明らかになった。自傷行為に至る状況分析は，Ptの意識の表層からの接近である。これはPtにとってそれほど侵襲的な体験には，ならなかったであろう。その後，父親が同席した面接で，ThがPtの気持ちを代弁して父親に伝えたところ，Ptは初めて父親に分かってもらえたという体験をした。ここでの「父親」は現実の父親であると同時に，転移のメタファとも考えられる。これはポジティヴな治療関係の発展を表している。ところが第2回退院後に自傷行為が再燃した後から，PtはThに入院を何度も要求した。Ptはあたかも Thから "入院への切符" を奪うかのように自傷行為を繰り返した。

そこでThは初めてPtに陰性逆転移を向けた。これはそれまで分裂排除されていた悪い内的対象がThに転移され始めたことを表している。これは精神分析的精神療法では不可避な過程である。結局，Thは入院を選択せざる得ない状況になり，A-T splitを導入下での入院を決めた。

　第Ⅲ期では，Thと管理医との間で様々な力動が展開した。Ptの悪い内的対象がさらに積極的にThに転移された。それはThのPtに対する陰性逆転移感情からも理解できる。Ptは自分の要求を受け入れない管理医に不満を抱いたが，結局，管理医に迎合するかのように，管理医の指示に従うようになり，自傷衝動をコントロールできるようになった。もちろん，これは偽りの改善であり真の改善とは考えられない。この改善はPtの面従腹背の病理の表れであり，父親との関係の再演と思われたし，同時に自分の努力をThに評価されたい無意識的欲求の表れでもあった。この偽りの改善に対してもThはPtの適応的でポジティヴな側面を解釈している。これは自我成長促進的に作用したと思われる。

　第Ⅳ期では，繰り返される自傷行為の背後にあるPtの空虚感や自己無力感の探索が進んだ。第Ⅲ期の始めには，Thの中には管理医への共感とPtへの陰性感情が主であったが，この頃には，管理医への陰性感情とPtへの共感へと変化していた。Ptへの共感を通じて，Ptが繰り返す"挑戦"とその背後にある攻撃性の力動が明らかになった（#80）。Thに対する"挑戦"は，第Ⅱ期で自傷行為によって"入院への切符"を奪われたようなThの逆転移感情とも一致していた。やがてその攻撃性は自分を見捨てる対象への怒りであり，繰り返される自傷行為と入院は見捨てられる状況の再演だと，Ptは洞察し始めた。それ以降，Ptの自傷行為はまったく消失した。

3) 精神療法の内と外——A-T splitをめぐって

　ThとPtの出会いは全くの偶然であったが，ThがPtの治療を担当した経緯にはC医師の存在があった。それはまさに異なる治療文化からの"贈り物"であった。PtはC医師を脱価値化して，C医師に陰性転移を向けていた。C医師の境界例治療に対する消極的とも思える姿勢には，治療的ニヒリズム（therapeutic nihilism）があると考えられた。これは境界例に対する治療スタ

ッフの逆転移の一つである[1]。だが精神分析的治療文化の中にいなければ、そのような理解は無意味なのかも知れない。結局、ThはPtの治療を引き受けた。この時、精神分析学派に帰属意識をもつThの中には、C医師の専門である精神病理学では境界例は扱えないが精神分析では扱えるというようなライバル意識に基づいた万能感があった。これはThにとってPtの治療を引き受ける動機になった。Thにとって本治療は精神分析以外の専門性に対するエディプス状況から始まったといえる。

第Ⅰ期の第1回退院時にPtがThよりも、元々の担当医のB医師の外来に通うのを希望した背後には、PtのB医師に対する見捨てられ不安があると思われる。第1回入院治療はB医師に向けられた転移の上で進んでいたと思われる。換言すれば、Ptは前医の治療分化の中にしがみついていたといえる。Ptは第Ⅱ期に入りA病院を去ったB医師について話すのを無意識的に避けていた。これは喪失の否認であり、喪の作業は進まなかった。これはThとの新しい治療文化へ入ることへの抵抗でもある。

第Ⅱ期の第2回退院後、自傷行為が悪化し、Ptは入院を要求した。入院を認めることはPtの願望充足となり、Ptに支配されたという気持をThに抱かせたので、ThはPtに陰性逆転移を抱くようになった。それは第3回入院の際にA-T splitを導入するThの治療構造選択にも反映されていた。A-T splitは週1日の非常勤医となったThがPtの治療を続けるのに、現実的に必要な治療形態であった。だがThはPtが苦痛に感じるだろう医師に管理医を依頼している。これはThのサディズムの表れである。ThにとってA-T splitの導入はPtへの怒りの願望充足的な意味があった。ThはPtへの怒りをA-T splitを通じて再演していたかも知れない。

だが治療が進むにつれて、A-T splitという治療構造の中で、Ptの分裂した内的対象関係を統合することが課題となった。既述のように、A-T splitという治療形態は、元々、精神分析的治療文化の中の営みである。よって管理医と精神療法医の双方は精神分析的治療文化の中で外的にも内的にも交流することが必要だといえるかも知れない。だがこの点については、一考を要する。

本治療ではThと管理医との外的交流が十分ではなかったことが、Thの管理医に対する陰性の感情体験を生じさせた。その無意識的力動として、まず

①Thの管理医に対するエディプス葛藤が考えられる。これは医師同士でA-T splitを行う時に起こりやすい[6]。それは治療者個人の病理による狭義の逆転移かも知れない。そのためThはD医師とのA-T splitを導入することに心配を感じていたのだろう。次に②Ptからの投影同一化が考えられる。つまり精神療法の過程で，管理医に対して怒りを抱くPtの自己がThに投影され，Thはそれに同一化していた可能性がある。本治療はThのPtへの共感を通じて一つの治療転機を迎えたが，そこにはThのPtに対する治療的同一化が考えられる。最後に，③ThのA-T splitに対する幻想が考えられる。Thは管理医と精神療法医の双方が精神分析的志向性をもっており，内的にも外的にも十分に交流があるのが望ましいと考えていた。これは"理想的なA-T split"が存在するという幻想であろう。この幻想は現実に直面することで，Thの中に不満や怒りを抱かせたのだろう。本来，A-T splitでは外的（現実的）交流よりもむしろ内的（無意識的）交流が重要である。精神療法医の仕事は，その中で生じた自らの逆転移を手掛かりにして患者の病理を理解し，内的ワークに努めることである。

　一般に管理医は患者の願望を現実的に抑止する立場にあるので，患者から陰性転移を向けられやすいが，精神療法医は患者の内的体験に共感的立場を取ることができるので，患者から陽性転移を向けられやすい。これらは治療構造に起因する転移である（構造起因性転移 structure-related transference）。これは境界例のA-T split治療ではしばしば起きやすい。またA-T splitという治療構造自体が患者の分裂機制を保証・強化することもある。よって境界例の入院治療において，必ずしもA-T splitが最良の治療形態であるとはいえない。本治療においてThは"A-T splitに対する万能的期待"を抱いていたのかも知れない。

4）精神医学的治療文化の狭間で——治療文化への逆転移

　藤山[3]は精神分析の精神医療に対する影響力は決して大きくないと述べている。これは精神分析が現在の精神医療においてもはや主流ではないという精神分析の斜陽を示唆しているだろう。これは精神分析的臨床に携わる治療者に様々な内的現実をもたらす。本治療では，ThはPtに対する逆転移に平行して，

Thと異なる治療文化にいる医師らに対して様々な感情体験をもった。これは精神分析以外の治療文化に対する逆転移ともいえる。元々精神分析的治療文化への帰属意識があったThは自らのエディプス葛藤を治療文化に投影同一化して，治療文化をめぐる葛藤として体験していたのかも知れない。また逆に現在の精神医療の中で精神分析が直面している一つの現実を取り入れ同一化していたのかも知れない。いずれにしてもThが自分の属する治療文化へのしがみつきが増したことは，Thとそれを取り巻く治療文化の間で，無意識的な取り入れ‐投影サイクルが活発化したことを示唆している。

　病院における精神分析的治療では，必然的に他の精神医学的治療文化との接点が多くなる。これはまさに異文化との遭遇である。高橋[8]は自らの米国への移住の体験を通じて，異文化葛藤と精神病の精神病理との関連性について述べている。その中で健常者でも異文化の中に入った時には馴染みのものを求めて，原始的水準にまで退行するという。本治療でThは異なる治療文化と出会ったことで，馴染みのもの（愛着）を求めて精神分析的治療文化への帰属意識がさらに高まったのだろう。これはThの退行であり，治療文化がThの防衛に用いられたともいえる。このように治療者にとって異なる治療文化との出会いは，しばしば精神療法にネガティヴな影響を与える。ことに境界例の治療では，治療文化をめぐる治療者の葛藤は顕在化しやすい。それは境界例における自我境界の病理が治療者に転移されるためであろう。そのため治療者は逆転移を通じて悲観論や治療的ニヒリズムに陥る可能性がある。

　しかしながら，異なる精神医学的治療文化との出会いは，精神療法にポジティヴな影響を与えると著者は考えている。そもそも人間の発達は，異文化体験の連続である。境界例患者は青年期に入り，"大人"の文化に接した時に発症することが多い。また就職や結婚のように新しい生活文化に入ることで，境界例の病理を顕在化させる。本症例では，代々営んできた家業の廃業と新しい自営業の開業という生活文化における異文化体験がPtの発症の誘因であった。精神分析的治療の本質は治療者の文化を通じて，患者がそれまでの古い病理的な文化を修正あるいは構築し，新しい健康な文化を獲得することである。つまり異文化との出会いの中には，患者の人格構造の変容の可能性がある。治療経過において，患者はしばしば家庭から病院へ，外来から入院へ，家庭から学校

や職場へ,と異文化との出会いを体験するが,それらが治療促進的に作用することも多い。本症例の治療転機は,Ptとの内的交流に平行して,異なる治療文化にいる医師との内的交流の中で起きた。これは異なる治療文化によって構成されるA-T splitにも治療的ポテンシャルがあることを示唆している。そのためには患者とそれ以外の医師との双方に平等に注意を向ける治療者の中立性が必要であろう。牛島[9]は精神医学中で精神分析が直面している一つの現実を直視しながら,精神医学における精神分析の必要性は減っていないと述べている。それは主に疾病を包む人格をめぐる問題への貢献であるという。

　精神分析はこれまでにも様々な他の精神医学的治療文化と比較されてきた。中でも精神分析と精神病理との対比は有名である[7]。精神病理では異常の異常たる所以を追求することで了解可能を目指すが,精神分析では異常を健常の心理を以て理解することを目指す。近年ではEBMの潮流として精神療法の治療効果が薬物療法と比較されるようになり,EBMは医療の鍵概念になった。その後,EBMは治療選択に関する精神科医の前意識に影響を与える。精神分析的精神療法であっても医師であれば患者を診る際には,精神分析以外の学問的視点,特に医学的視点を排除することはできない。精神医療における精神分析的治療の実践は,精神分析かそれ以外かという二分法的な見方つまり選択ではなく,むしろ交流や統合である(これは折衷とも異なる)。もし治療者と精神分析との間に他の治療文化が入り込む余地が全くなければ,それは二者関係であり,病理性の強い治療文化になる。精神医療の中で,治療者と精神分析と他の治療文化と三者関係の中で生じる様々な葛藤に耐えながら,他の治療文化と内的交流を続け,それらを統合してゆくことが精神分析的治療文化であるといえる。換言すれば,精神分析的治療文化とは他の治療文化と対比する治療文化ではなく,他の治療文化との関係を論じる治療文化といえる。

V. 結　語

　(1) 境界例の精神分析的入院治療において,治療者が自らと異なる精神医学的治療文化に触れると,治療文化との間で取り入れ-投影サイクルが活発化する。(2) 精神分析的治療文化は,他の治療文化と葛藤的・対立的な関係になる

のではなく,他の治療文化と内的交流する文化である。(3)精神分析的治療文化には,境界例治療の本質的な意味が包含されている。

臨床素材について,細部に渡って匿名性に配慮して記載した。A病院の治療スタッフに心から感謝いたします。また本旨の一部は第100回日本精神神経学会総会(札幌)の精神医学研修コースで発表した。コーディネーターの高橋哲郎先生に御礼申し上げます。

文　献

1) Book, H.E., Sadavoy, J., Silver, D. (1978) Staff countertransference to borderline patients on an inpatient unit. Am J Psychother. 32(4):521-532.
2) 藤山直樹 (2003) 精神分析という営み――生きた空間をもとめて.岩崎学術出版社.
3) 藤山直樹 (2004) 精神分析は精神医学実践にどうかかわるのか.精神科 4(6):364-369.
4) Gunderson, J.G. (2001) Borderline Personality Disorder—A Clinical Guide. American Psychiatric Publishing, Washington DC.
5) 岩崎徹也 (1981) 入院患者の精神療法 その一,その二.小此木啓吾,橋本雅雄,皆川邦直編,精神分析セミナーⅠ――精神療法の基礎.岩崎学術出版社.
6) 松田文雄 (2004) 境界性人格障害患者の治療におけるA-Tスプリット――精神科医間.精神療法 30(2):144-149.
7) 中井久夫 (1983) 概説――文化精神医学と治療文化論.岩波講座 精神の科学 8:治療と文化,pp.1-124.岩波書店.
8) 高橋哲郎 (1983) 文化葛藤と病い.岩波講座 精神の科学 8:治療と文化,pp.209-236.岩波書店.
9) 牛島定信 (2000) 現代精神医学と精神分析.精神分析研究 44(3):239-248.
10) 牛島定信 (2003) 境界性人格障害治療の現在 1.精神療法 29(3):249-256.
11) 岡田暁宜,高橋哲郎 (2007) 蘇生解釈の治療的意義について――統合失調症の精神分析的精神療法.精神分析研究 51(3):303-313.

本稿は「精神療法 32(1):67-75,金剛出版,2006」に掲載されたものを改稿したものである。

あとがきにかえて——岡田暁宜先生との対話

　岡田先生の序文を受けて，あとがきを記そうと思います。序文の岡田先生と対話することにします。序文—本文—あとがき，という流れを大切にしたい気持ちからです。

Ⅰ. 本書の企画とタイトルについて

　高橋哲郎先生の喜寿をお祝いできず，今になってしまいましたね。岡田先生が高橋先生について語れているすべてから，高橋先生に師事し，尊敬している先生の思いが伝わって来ます。ガンザレイン先生の訳本である『対象関係集団精神療法』（岩崎学術出版社）のあとがきで書かれている高橋先生とガンザレイン先生との関係を思い起こします。ここではこれ以上触れられないので，一読をお勧めします。読んでおられたら，余分なことですが。
　岡田先生は文化を考える契機となった高橋先生との経験について紹介していますね。それは，機内サービスを受けられなかったことに「日本人だから」と岡田先生が空想したことに対して，文化が防衛に使われたよい例である，と高橋先生がコメントしたことです。高橋先生は，事実はどこにあるか，と問うた訳ですよね。私にも同じような高橋先生との経験がありますので，ここに紹介したいと思います。
　「権さん，負けは負けだよね」と「被害者の方がそうすると力を持つことになりますね」です。前者は，ある出来事で私は「負けた」のですが，勝った相手より自分の方が優れていると，うだうだ話していた時に言われたことです。後者は，私は日本生まれの在日韓国人ですが，子どもの時に受けた差別について語っていた時に言われたことです。他にもありますが，これらの言葉によってもたらされた体験は，当時の私にとって，青天の霹靂とでも言えるものでし

た。これらの経験が今の私の心の基盤です。岡田先生は「日本人だから」ということから，文化の問題に関心をもたれたようですが，私はというと，逆に離れていったように思います。言い換えると，岡田先生は自らの内にある「文化」というものを探索する流れに行かれたようですが，私は，日本文化の中の「私は私」という考えの意味を探求するようになりました。

II. 本書の内容について

あとがきを書くにあたり，第1部と第2部の構成，各論文の配置がとてもすっきりしているのに私は気がつきました。何か一つの流れを感じました。先生の編者としての高い能力がうかがえます。

それは，高橋先生の論文と丸岡先生の論文の繋がりです。高橋論文の，文化と移行対象，それを巡る発達の問題，移民とカルチュア・ショックの精神力動に続く，丸岡論文の入院治療を一つのカルチュア・ショックという視点からとらえるもの，入院する前に患者が持っているその家の文化とその喪失，病院という入院環境の中の文化への再適応と自己の再統合と，先生が高橋論文を本書の基調論文を位置づけていますが，それを受けての丸岡論文という流れがあります。

高橋論文には，高橋先生が米国に渡られた時の経験から始まり，精神分析だけにとどまらない，幅広い人間の心の理解が記されています。この論文は，先生が米国での初期の不安，例えば他のレジデントが解雇された時の不安，を乗り越え，見事に米国でサバイバルした金字塔だと私は思います。序文の中で，"Psychoanalysis and Culture" に岡田先生は触れられていますが，この本の中に "Psychoanalytic Perspectives on Migration" というタイトルでグリンベルグ (Grinberg, L) 他が論文を寄せています（高橋先生が訳された『ビオン入門』の著者です）。高橋論文は，この論文をはるかに超えた内容のように私には思えます。違いは，グリンベルグはクライニアンですので，移行対象，移行現象を中心に考えていないことと，躁的防衛について触れている点です。ただし，高橋先生は論文の中で，躁的防衛とは言われてはいませんが，サウジアラビアからの青年の誇大感について触れられています。

丸岡論文ですが，これは私には馴染み深いものです。それは，精神分析的な指向性をもった入院治療をカルチュア・ショックという視点から考察しているからです。さきの躁的防衛について言うと，この論文では，孵化期，移行期，学習期，受容期と入院という異文化に適応するプロセスについて考察する中で，孵化期でのこの防衛について触れています。その一方で，移行対象の喪失から妄想分裂ポジションへの退行，自我境界の破壊と，高橋先生の論文を下地にして考察が展開しています。この点で，岡田先生が基調論文と位置づけた高橋論文に続く論文として，具体的臨床例とも言える論文のように私には思えました。

　続く近池論文で著者は，ヒステリー患者のもつ文化的背景を「舌きりすずめ」という物語に見ています。これについて，「物語ること」とヒステリーの昇華の側面を岡田先生は指摘してされています。これはウィニコットが，言い伝えの産物の中に，人間の文化の歴史が凝縮されていると述べたことに通じています。私はこの物語性の中でしか人間は生きていけないのかと，ある種の悲哀を感じます。その一方で文化とはそういうものであるとも思います。

　そういう文化の中でしか生きていけない人間の悲哀，葛藤からの病をいかに精神分析という治療文化が援助するか，ということになりますが，近池論文に続く，先生の環境転移という論文ではそれが見事に描かれているようです。私も，対象関係集団精神療法ではありますが，同様の視点で高橋先生他と共に集団精神療法学会で主催するワークショップ，「精神科慢性疾患の集団精神療法」で発表したことがあります。「集団精神療法における環境と対象の提供――転移とワーク・スルー」というタイトルでした。しかし先生の論文からは刺激を受け，私は私の考えをさらに深めていきたいと気持ちを新たにさせてもらいました。

　第2部は精神分析と治療文化です。奥寺論文が第2部の先陣を切りますが，岡田論文を受け，精神分析という治療文化が，人が生きて，生き延びることの苦悩，喪失に伴う哀惜をどう援助するか，という上記の私の思いに繋がる感覚を持ちました。奥寺論文では，精神分析におけるワーク・スルーとは人生のワーク・スルー（成就）である，と述べられています。そして奥寺先生は，ガントリップを引用し，自己充足的で他者をも充足するような人生を送るために，精神分析が援助できることは何かと問い，幸福論について熱く語っているよう

に思えましたが，いかがですか。これはまた，以前に高橋先生が，精神分析とは人生そのものである，と言われたことを思い出します。このようなワーク・スルーについてクライニアンであるブリトンは，「抑うつポジションの前と後」の最後の一文で「約束の地はイスラエルとなり，新たな苦闘が始まっている」と述べています。充足と苦闘と一見正反対のように思えますが，充足を得るためには苦闘しなければならない，ということだと思います。これは独立派の分析家とクライン派の分析家の物事に対する視点，表現の違いなのかなとも私は思います。

　次は私の論文です。先生は精神分析的治療文化の構築と，それに支えられる過程と言われました。支え‐支えられる関係，親は子によって親になる，など連想しました。今私は自らのクリニックで精神分析的治療文化を満喫していますが，これに至るには苦闘もありました。高橋先生の「権さん，負けは負けだよね」という事実を受け入れることから苦闘が始まりましたが，この治療文化の中で生き続けることで充足しています。今年還暦を迎え，家族やスタッフに祝ってもらいましたが，本書の完成と共に，今以上に精神分析の実践を広げることと，さらなる理解を深めたいと決意しました。新たな苦闘の始まりです。

　藤田論文は教育現場の持つ治療文化について触れています。先生は，学校生活を家と社会を橋渡しする過渡的空間であると言われていますが，学校生活について，そういう視点が私にはなかったので，納得しました。またこの論文は精神科医の今後の精神医療の中での立ち位置の方向を示しているとも思いました。つまり治療集団，この場合なら「保健管理センター」ですが，このような治療集団をマネージメントする場合に，精神分析的治療文化を知っている（馴染んでいる）のと，知らない（馴染んでいない）のでは，大きな違いがあるように思うからです。実際にこの症例では精神分析的精神療法が行われていた訳ではないように読めました。しかし教育現場の中での，先生が指摘した過渡的空間の提供という概念は，極めて精神分析的で，精神分析的治療文化の賜物です。これは，奥寺論文で指摘された「精神分析は一体何をしているのか」という問いに対する一つの答えで，強調してもし過ぎることはないと思います。またこれは，先生の環境転移の論文に関係しているかもしれない，背景としての精神分析的文化が，キャンパス・メンタルヘルスを支えているとも言えるので

はないでしょうか。

　ここまで来て，本書の流れが少し変わったようです。手塚論文と先生の論文は，精神分析的個人精神療法と集団精神療法において，精神分析的治療文化がもたらすものは何か，という問いを投げかけているように読めました。手塚論文では治療者の移行対象機能が，甘えの世界に馴染んでいる日本の患者に，分離・自立を促すと先生はまとめています。私は，手塚先生が，欧米と日本の文化の相違について「外国を旅した経験しかないので言う術がない」と言われながらも，神との契約に基礎とする「倫理的正義」と，日本の今ここにある集団とのつながりなどを重要視する「状況的正義」の相違を明確にしたことに，手塚先生の臨床家として懐の深さを感じました。前者は，「私とあなた」という関係性に神という第三者がいます。後者は「私とあなた」という関係性の中だけで物事が決まります。私の論文でいうと患者と医師という関係性だけで，それを取り囲んでいるシステムのことはとかく無視されがち，という流れと繋がります。この第三の存在を患者が内在化する過程で，治療者という移行対象が大きな働きをするということだと思います。別の脈絡でいうと，私には日本文化における「エディプス葛藤」の希薄さ，欠如が感じられます。言い換えると，第三の対象，もしくは存在の否認，不在とも言えるでしょうか。具体的にいうと，子どもをもつと，この国では，夫婦はお互いを「お母さん」「お父さん」と呼び合うことと関連しています。

　本書の最後になる先生の論文です。異なる治療文化をもった精神科医との軋轢，葛藤の中で，どのように精神分析的治療を生かすか，が一つのテーマのようです。A-Tスプリットを巡る運用他の問題は別にして，先生が異なった治療文化との間で，ビオンのいう闘争-逃避集団からの行動化に陥ることなく，境界例との治療を全う出来た要因は何か，と考えてみました。先生が高橋先生との交流を通じて，防衛としての文化という視点を大切にして，異なった治療文化と，外的にも内的にも交流しようと努力されたことが，その要因ではないかと思われました。しかし先生は，精神分析的病院治療という治療文化が斜陽になったと回顧されています。精神医療の趨勢の中で，如何ともしがたいことだとは思いますが，前述した背景としての精神分析的治療文化の重要性は逆に大きな意味を持っていると思います。この文化の喪失は，精神科医が心を持った

人を診るのではなく，投薬だけをする「医療ロボット」になってしまう危険性をはらんでいます。

Ⅲ. 文化について，から，Ⅵ. 精神分析という治療文化，まで

私が連想したのは，ビオンの「思考（thought）」と「思考すること（thinking）」です。前者は，対象の不在の概念を形成することで，後者は，それらの関連性を理解する過程です。「文化」といった場合に，出来合いのもの，静的なものを感じます。この静的なものは往々にして防衛として使われるのではないでしょうか。精神分析文化は，静的なものではなく，力動的なものです。「文化（culture）」と「育むこと（cultivating）」という表現を私はしたくなります。「Ⅳ. 精神分析と文化」で述べられておられる様々なことは，精神分析が"cultivating"する対象のことを総括されていると思いました。また先生は，文化が思考様式や行動様式の総体であるとも言われていますが，これは，"Psychoanalysis and Culture"の序文で，ベル（Bell, D.）が"a body of knowledge of mind and human cultute"としての精神分析，という展望を挙げているのに繋がります。比喩的ですが，我々の体は生きています。

サブカルチャーの問題は，先生の考察の問題ではなく，別の意味で，違和感を持ちました。以下触れてみます。

「Ⅵ. 精神分析という治療文化」で，精神分析はマイノリティの治療文化で，それが精神医学や臨床心理学などの上位の治療文化に相対する下位の治療文化に位置づけられるのかもしれないと言われています。どうも私には「上位」とか「下位」とかいう表現がいまひとつすっきりしません。上と下というと何か価値の問題をどうしても考えてしまうからです。"inter-culture"なる英語があるかと考え，調べてみましたが，ありませんでした。"sub"を調べてみましたら，「下」「副，下位，小」「以下」「近接」「代わりをする」などの意味がありました。精神分析的治療文化は精神医学の中にあって，伝統的精神医学と"inter-"な関係ではないかと思いますが，私の論文で触れたような「精神分析趣味論」，訓練や医療経済の問題から，精神医学や臨床心理学から精神分析が，隅に追いやられようとしているようです（被害的になっていないかずいぶ

ん迷いましたが，こういうことにしました）。しかしながら，先生は「Ⅴ. 治療というculture」の最後にゴシックで，人間と文化の相互関係について強調されています。先生が境界例の病院治療での内的経験から得られた他の治療文化との交流のこと，環境転移で明確にした背景という理解が，精神分析的治療文化以外の治療文化に影響を与えることが，先生には出来ると期待します。ですから，先生が編者としてご苦労なさったこの本は，今後の精神医学に精神分析という文化を継承するという大きな意義を持っているように思います。それは，精神分析という文化が他の文化の下位ではなく，相互関係を通して，いつか，再び，陽の当たる文化になる可能性を秘めているということです。今回の本書の出版に際しては当然ですが，秘めたものが発露する時にこそ，岩崎学術出版社の長谷川純さんの思いに応えたことになると思います。上記の如く，岡田先生の今後に期待するものです。

Ⅶ. 序文の終わりに

　本書の出版が大幅に遅れたのは，先生の力不足ではないと思っています。先生の編者としての力量は上述した通りです。先生は出版の停滞という現象が，「出版への抵抗」であり，高橋先生との別れに対する抵抗かもしれないと述べておられますが，全く同感です。

　丸岡先生が謝辞の中で，高橋先生との出会いと別れで，不思議な経験をされたと述べられていました。この私はというと，先生との約束がいつも心のどこかにありながら，全く書けなかったのです。今年2012年6月には米国に帰国されるという事実を再認識し，何か現実に引き戻されたようでした。

　先生はご存じでしょうが，高橋先生は私の訓練分析医でした。初めは留学先のメニンガー・クリニックで，そして2回目は日本での先生の以前の勤務先とオフィスでの分析でした。合計すると4年余りで，10年前の平成14年11月最後の金曜日が私の最後の分析でした。思うと10年が経過していました。繰り返しになりますが，'出版への抵抗'，先生との別れに対する抵抗，この言葉は私への解釈のようにも感じました。というのは，私は共同編者にしていただきましたが，実質は先生が編者です。私は先生からのお誘いがあった時に，す

ぐに承諾しましたが，全く書けませんでした。やっと書き終えた時には安堵感とともに，惜別の思いがどっと私の心に押し寄せました。分析の終了とは異なった強い感情でした。

Ⅷ．終わりに

　私は本書で私的な経験をずいぶん書き，また先生に話しました。私の内的文化からすると，これは例外的なことです。先生との対話でも，ずいぶん躊躇しながら話した部分があります。しかしながら，あえてそうしたのは，この私的な経験を言葉にしないと，読んでくださる精神分析に関心をもっている皆さんに，精神分析がもつ文化の奥行き，広がりが伝わらないのではないかと考えたからです。逆にこの奥行きや広がりに嫌悪感を持つ人もいるかれしれませんが，それはそれで，止むを得ないことだと思います。

　最後になりましたが，以下のようなことを思います——失うことで，失ったものは心の中で永遠の存在となり，そしてそれを抱える主体は永遠の存在となったものと永遠の語らいをもつことができる。別れと死とは人間の存在にとって，そういうものであると思う。

　岡田先生，どうもありがとうございました。また高橋先生には"Dr. T. Good Luck. See you again"です。再度感謝申し上げます。

　2012年5月　還暦を迎えた月に

権　成鉉

高橋哲郎先生略歴
<small>たかはしてつろう</small>

学　歴
1956年　東京大学農学部農芸化学科卒業
1960年　同　医学部医学科卒業
1972年　General Psychiatry Residency at the Fairfield Hospital in Connecticut, U.S.A. 卒業
1974年　Career Training in Child Psychiatry at the Menninger School of Psychiatry 卒業
1995年　Topeka Institute for Psychoanalysis 卒業

職　歴
1960〜61年　東京大学医学部付属病院インターン
1961年　　　東京大学医学部精神医学教室入局
1962年　　　同大学小児科学教室入局（精神科医局在籍のまま）
1963〜64年　関東中央病院精神科フルタイムスタッフ（児童病棟担当）
1964〜66年　国立小児病院精神科フルタイムスタッフ
1966〜68年　東京大学医学部精神神経科助手（児童精神医学担当）
1968〜70年　千葉県市川市式場病院フルタイムスタッフ
1970年　　　米国移住
1970〜72年　Psychiatric residency at the Fairfield Hills Hospitals in Connecticut
1972〜74年　Career Training in Child Psychiatry, Menninger School of Psychiatry
1974〜96年　Fulltime Staff Psychiatrist of C. F. Menninger Memorial Hospital
1985〜96年　C. F. Menninger Memorial Hospital　病棟医長
1983〜93年　メニンガー財団国際プログラム部長兼任，会長ロイ・メニンガーとともに，日本における力動精神医学メニンガー・ワークショップを毎年10年間行った。
1990〜96年　メニンガー・クリニック精神病治療部長兼任
1992〜93年　カール・メニンガー精神医学校ハンブルトン・アブラハムズ記念教授
1992〜94年　米国集団精神療法学会カンザス州支部長
1993年　　　米国精神科専門医試験官
1993〜96年　トピーカ精神分析インスティテュート講師
1996〜2001年　帰国　大阪居住
　　　　　　高橋哲郎分析室・健育研究所勤務
2002〜現在　精神分析セミナリー所長

免許・資格
1961年　日本国医師国家試験合格
1965年　Educational Council for Foreign Medical Graduates 試験合格
　同　　東京大学医学博士
1975年　医師米国連邦試験（FLEX）合格
1980年　米国精神科専門医試験合格
1995年　米国精神分析医免許
1996年　国際精神分析医免許
2000年　日本精神分析インスティテュート訓練分析医

出版された主な論文・訳書・著書
1966年　分裂病症状を呈する思春期精神障害の研究　精神神経誌 68: 1176-1197
1971年　精神病院における治療的共同社会づくりの一つの試み　精神医学 13 (9): 885-892
1975年　人間の攻撃心（ストー著）訳　晶文社

1980年　分裂病症状を呈する思春期精神障害の研究再説　臨床医学論集
　　　　土居健郎教授還暦記念論文集　星和書店　366-394
　　　　Symbiotic Psychopathology: Cultural Patterns and Resolution. Bulletin of the Menninger Clinic
1983年　文化葛藤と病い　精神の科学 8　治療と文化　岩波書店
1985年　ビオン入門（グリンバーグ他著）　訳　岩崎学術出版社
1987年　精神病寛解期の精神分析的集団精神療法――対象関係論に基づく集団中心の接近　集団精神療法 3(1): 65-72
1988年　境界線人格障害　異常心理学講座　神経症と精神病　みすず書房
　　　　子どもの心と精神病理　岩崎学術出版社
1990年　Group Centered Object Relations Approach to Group Psychotherapy with Severely Disturbed Patients. International Journal of Group Psychotherapy
　　　　A Comparative Study of Japanese & American Group Dynamics. Psychoanalytic Review
　　　　Petals Falling in the Night (Collection of Short Stories)
1996年　対象関係集団精神療法（ガンザレイン著）　監訳　岩崎学術出版社
1997年　慢性患者の対象関係集団精神療法　集団精神療法 13(2): 125-130
1998年　West Meets East: Cross Cultural Issues in Inpatient Treatment (with Sayed and Collins)
1999年　Supportive Expressive Group Psychotherapy of Patients with Chronic Mental Issues, including Psychosis. Pines, M. and Scherner, V. eds. Group Psychotherapy of the Psychosis. London
2000年　In Search of the "Real Parent": Some Thought on the Roots of the Psychology of the Japanese People. The Study of Mind and Human Interaction 11(3): 208-215
2003年　改訂 子どもの心と精神病理　岩崎学術出版社
2007年　精神分析的精神療法セミナー〔技法編〕金剛出版
2008年　分析家の前意識（ハミルトン著）　監訳　岩崎学術出版社
2010年　精神分析的精神療法セミナー〔障害編〕金剛出版
2010年　力動的集団精神療法　共同編・著　金剛出版

所属学会，協会
米国集団精神療法学会フェロー
米国精神分析学会正会員
国際精神分析学会正会員
日本集団精神療法学会正会員
日本精神分析協会正会員
日本精神分析学会正会員

賞
1）世紀賞　短編小説「時計」　中央出版社　1964
2）Menninger Wood Prince Award (Symbiotic Psychopathology) 1980
3）Scientific Writing Award of Topeka Institute for Psychoanalysis (Comparative Study) 1990

日本での活動
　1996 年に単身帰国した後，健育研究所勤務を経て 2002 年に精神分析セミナリーを開設，2012 年 6 月閉所まで精神分析および精神療法専門家の育成に尽力した。諸プログラムの中で，月 1 回開かれた日曜セミナーは 16 年間合計 143 回行われ，主に関西，加えて少数だが沖縄を含む全国各地からの参加を得た。米国再移住後は執筆，特に「力動的集団精神療法」の英国 Karnac 社からの英訳出版に向けて鋭意作業中である。

編著者略歴
岡田暁宜（おかだ　あきよし）
1996年　名古屋市立大学大学院医学研究科修了
2010年　日本精神分析協会認定精神分析家
専　攻　精神分析，精神医学，精神保健，心身医学
現　職　南山大学人文学部心理人間学科教授，及び名古屋キャンパス保健室長
著訳書　分析家の前意識（共訳），松木邦裕との対決（共著，以上岩崎学術出版社）

権　成鉉（ごん　せいげん）
1981年　川崎医科大学卒　同精神科入局
1996年　同精神科助教授
2000年　9月同上退職
2000年　10月クリニック ソフィアを開院
1985〜1989年　東海大学医学部精神科学教室研修生
1989〜1991年　米国メニンガー・クリニック留学
現　職　医療法人ミネルヴァ クリニック ソフィア院長
　　　　国際精神分析協会 認定精神分析医
著　書　（分担執筆）
　　　　摂食障害（岩崎学術出版社），神経症とその周辺（星和書店），精神療法マニュアル（金剛出版），精神分析事典（岩崎学術出版社），力動的集団精神療法（金剛出版）
訳　書　精神力動的精神医学①（岩崎学術出版社）

著者略歴
丸岡隆之（まるおか　たかゆき）
1992年　久留米大学医学部精神神経科学教室入局
2008〜2012年　同教室講師
2011〜2012年　社会保険田川病院精神科医長
2012年　黒崎中央医院開院
専　攻　臨床精神医学，精神療法，トラウマ
現　職　黒崎中央医院院長，久留米大学医学部精神神経科非常勤講師
著　書　急性期治療病棟──急性期からリハビリまで（共著，星和書店），生き残ると言うこと──えひめ丸沈没事故とトラウマケア（共著，星和書店）他

近池　操（ちかいけ　みさお）
1985年　奈良女子大学大学院文学研究科教育学専攻修了
1996年　臨床心理士
専　攻　臨床心理学，発達心理学，精神分析的心理療法
現　職　ライフデザインカウンセリングルーム，奈良県立医科大学非常勤講師
　　　　奈良県立医科大学学生相談室，奈良文化女子短期大学非常勤講師

奥寺　崇（おくでら　たかし）
1985年　群馬大学医学部卒業，同神経精神医学講座入局
1994〜1996年　メニンガー・クリニックに留学
1999〜2002年　精神分析研究所ならびにタヴィストック・クリニックに留学

2006～2008年　国立精神・神経センター武蔵病院 精神科医長
専　攻　精神医学，精神分析学
現　職　クリニックおくでら院長
著訳書　プレゼントモーメント（監訳，岩崎学術出版社），精神分析の名著（分担執筆，中央公論新社）

藤田長太郎（ふじた　ちょうたろう）
1980年　長崎大学医学部卒業
専　攻　青年期精神医学，精神保健
現　職　大分大学保健管理センター所長，同教授

手塚千惠子（てづか　ちえこ）
1967年　大阪市立大学家政学部（現生活科学部）卒業
1991年　臨床心理士
2003年　日本精神分析学会認定心理療法士
専　攻　臨床心理，精神分析的心理療法
現　職　大阪市立総合医療センター，大阪市こころの健康センター
　　　　甲子園大学大学院，関西福祉科学大学大学院非常勤講師
著　書　力動的集団精神療法（分担執筆，金剛出版）

精神分析と文化
―臨床的視座の展開―
ISBN978-4-7533-1046-3

編著者
岡田 曉宜
權　成鉉

2012年6月26日　第1刷発行

印刷　広研印刷(株)　／　製本　(株)中條製本工場

発行所　(株)岩崎学術出版社　〒112-0005　東京都文京区水道1-9-2
発行者　村上　学
電話03(5805)6623　FAX 03(3816)5123
©2012　岩崎学術出版社
乱丁・落丁本はおとりかえいたします　検印省略

分析家の前意識──諸学派65人のインタビューによる研究
V・ハミルトン著　高橋哲郎監訳
諸学派の臨床の特徴をインタビューと実証研究からさぐる　　本体5000円

松木邦裕との対決──精神分析的対論
細澤仁編
稀有な分析家との交流から生まれる体験　　本体3500円

フロイトと日本人──往復書簡と精神分析への抵抗
北山修編著
彼らの誇りと抵抗が日本精神分析の礎となった　　本体2800円

精神分析という語らい
藤山直樹著
精神分析家であるとはどういうことか　　本体3300円

続・精神分析という営み──本物の時間をもとめて
藤山直樹著
逆説をもちこたえるパーソナルな体験　　本体3200円

こどもの精神分析 II ──クライン派による現代のこどもへのアプローチ
木部則雄著
好評の前作から6年，こどもの心的世界を探索する　　本体3800円

精神分析体験：ビオンの宇宙──対象関係論を学ぶ 立志編
松木邦裕著
構想十余年を経て，待望の書き下ろし　　本体3000円

精神分析的心理療法と象徴化──コンテインメントをめぐる臨床思考
平井正三著
治療空間が成長と変化を促す器であるために　　本体3800円

関係精神分析入門──治療体験のリアリティを求めて
岡野憲一郎，吾妻壮，富樫公一，横井公一著
治療者・患者の現実の二者関係に焦点を当てる　　本体3200円